中公新書 2506

梶谷 懐著

中国経済講義

統計の信頼性から成長のゆくえまで

中央公論新社刊

はじめに

中国はGDP世界第2位の経済大国であり、世界経済に対しても大きなインパクトを持つようになった。しかし、その実態については一般に知られていないこともまだ多く、時事的な状況や論者の立ち位置により、その経済力が世界秩序を揺るがすと見る「脅威論」から正反対の「崩壊論」まで評価が大きく揺れ続けている。

本書の特徴は、「中国の経済統計は信頼できるか」「不動産バブルを止められるのか」「人民元の国際化は経済にどんな影響を及ぼすのか」「共産党体制での成長は持続可能か」など、近年の中国経済が直面しているいくつかの重要な課題について、経済学の標準的な理論と、それを前提とした近年の実証研究の結果を踏まえながら、できるだけ簡潔に分析を加えたところにある。

「中国経済講義」とはいかにも堅苦しいタイトルだが、学術論文を含めたアカデミックな議論の水準を踏まえることで、表面的な変化に流されない、腰の据わった中国経済の概説書を提供したい、という思いからあえてつけた次第である。「講義」ということを意識したため、現在話題のトピックについても、その背景にある制度の説明などをできるだけ加えるようにしている。そういった説明はやや退屈に感じるかもしれないが、現在起きていることをきちんと理解するためには必要な知識なので、なんとかついてきていただきたい。

本書は基本的にどの章から読んでいただいてもかまわないが、全体の構成としては前半部分でGDP統計の問題、金融危機のリスクや人民元の国際化など中国経済のマクロ的な側面に焦点を当て、後半部分で農民工の直面する問題と都市化政策の行方、国有企業改革の動向やイノベーションの可能性など、ミクロ的な側面に注目する、という構成になっている。多くの読者にとって、マクロ経済のトピックから入っていくほうが理解しやすいだろうと考えたからだ。

本書の内容について簡単に説明しておこう。まず序章では、近年注目を集める中国のGDP統計の信頼性ならびに「李克強《りこっきょう》指数」などの代替的な指数をめぐる議論を整理し、中国の経済統計を読み解く上で必要なリテラシーについて詳しく解説する。

2015年夏に上海総合株価指数が急落した。その手当てとして政府による株価維持策、さらには人民元の対ドル基準値の大幅な切り下げが行われて以来、中国経済が抱える「金融リスク」に全世界の市場関係者の関心が集まるようになった。第1章では、グローバル経済と中国の国内経済との相互関係に注目した上で、近年の「金融リスク」を人民元の国際化によって生じた「トリレンマ」の観点から読み解いている。

近年「新常態」と言われる安定成長路線を模索している中国経済だが、その一方で従来の高成長を支えてきた「投資依存経済」の性質をなかなか脱却できないでいる。「投資依存経済」の問題点が最も典型的に表れているのが、不動産を中心とした資産バブルである。第2章では、中国が経済大国化を遂げるなかで投資への依存を強めていったことをデータや実証分析の結果をもとに確認し、そこから脱却した新たな成長パターンへの転換の可能性を検討する。

不動産バブルの背景として、各地方政府が、地域の開発資金の財源を土地使用権の売却益に求め、その結果土地の払い下げ価格が上昇したという経緯がある。このような「開発競争」による地域間の経済格差の拡大は、中国の高度成長が生み出したひずみの代表的なものである。第3章では中国経済の宿命とも言うべき地域格差・所得格差の現状をとりあげ、格差の拡大が中国経済の「ユーロ圏化」とも言われる地方政府の債務拡大という問題をもたらしていることも指摘する。

格差問題のなかでも、農民と都市住民の間の格差は制度的に固定されており、深刻である。両者を隔てる中国独特の戸籍制度は、労働市場や社会保障の面で社会にさまざまなゆがみをもたらしてきた。第4章では、近年学術界で注目を集めている農村の余剰労働力の枯渇、いわゆるルイスの転換点をめぐる論争を整理し、労働力不足が今後の中国経済に与える影響について考える。

鉄鋼や石炭などの旧来型の産業では、「ゾンビ企業」と呼ばれる生産性の低い国有企業が過剰な生産設備を抱え込み、成長の足かせになっていることが指摘されてきた。しかし、多くの雇用を抱える「ゾンビ企業」の退出が進めば、大量の失業者を生み出し、社会の不安定化を招きかねない。第5章では、今後の中国経済に大きな影響を与えうる国有企業改革のゆくえについて解説する。

中国経済において、持続的なイノベーションは可能なのか。主流派の経済学者の見解は概して否定的だ。脆弱《ぜいじゃく》な財産権保護、貫徹しない法の支配、説明責任を持たない政府の経済への介入といった中国経済の「制度」的特徴は、持続的な成長のエンジンとなるイノベーションの障害物にしかならないように思えるからだ。一方、現在の中国経済では、広東《カントン》省深圳《しんせん》における電子産業を中心に活発なイノベーションの発露が見られるのも事実だ。第6章では、先進国とは異なる制度的背景の下でなぜイノベーションが生じるのか、そしてその持続可能性について検討している。

領土問題や歴史問題を中心に、日中両国民の間には感情的なしこりがいまだに残るが、中国に進出した日本企業は、以前よりビジネス慣行の違いなどからさまざまな問題に直面してきた。また、直近の問題である米中貿易戦争は、中国経済に関する政治がらみの「リスク」の存在を改めて思い起こさせた。終章では、日中経済の相互の影響が強まるなかで、できるだけ客観的な中国像を描くにはどうすればよいのか、日本（人）にとっての中国経済との向きあい方を考えたい。

小著が、流動化する国際情勢のなかでますますその重要性が高まっている中国経済への理解の一助となれば、著者としてこれにまさるよろこびはない。

目次

中国の人名について、日本で著名な人物についてのみ、日本語読みのルビを振った。また、英語の参考文献の著者については、漢字表記の後に欧文表記を補った。

序章　中国の経済統計は信頼できるか

1　GDP統計は擬装されているのか

中国が米国を追い抜く日

1978年の改革開放以来、中国は、貧しい農業国から新興工業国に急変貌を遂げ、今日では世界経済の動向を左右する巨大な存在になっている。2010年に中国のGDPは日本を追い抜いたが、このトレンドが今後も一定期間継続し、やがては米国経済の規模を追い抜いて世界一になるのだろうか。筆者と東京大学の丸川知雄は、数年前に出版された書籍のなかで、中国の名目GDPがいつ米国を追い抜くのかについての「シナリオ」を示した。中国経済の発展の持続性に楽観的な見通しを示す丸川の予測（表0-1中の「楽観シナリオ」）に基

表0－1　今後の成長の予測

	GDP成長率	資本増加率	就業者増加率	成長に対する寄与度			労働生産弾力性
				全要素生産性	資本	労働	
楽観シナリオ							
2011～20年	7.7%	8.0%	-0.3%	3.5%	4.3%	-0.1%	0.46
2021～30年	7.1%	7.0%	-0.3%	3.5%	3.8%	-0.1%	0.46
慎重シナリオ							
2011～30年	5.7%	6.0%	-0.3%	3.5%	2.4%	-0.2%	0.60

出所：丸川知雄・梶谷懐（2015）『超大国・中国のゆくえ4　経済大国化の軋みとインパクト』東京大学出版会

づくと、中国のGDPは2020年代後半に米国を追い抜くことになる（米国の成長率を2011～15年は3・1%、16～30年は2・2%と仮定した場合）。

一方、筆者は資本の増加率を低めに見積もったほか、労働の生産弾力性（就業者数の1%の増加によってGDPが何%増えるかを示したもの）が今後の労働人口の減少を反映して大きく上昇することを考慮に入れた「慎重シナリオ」を示した。このシナリオだと、中国のGDPが米国を抜くのは2030年代前半となる。筆者らがこの「シナリオ」を示したのは2015年初頭だが、その後中国政府は、2015年の全国人民代表大会（国会にあたる）において、経済がそれまでの高度経済成長時代から「新常態」と表現される安定的成長段階に入ったことを強調し、成長率目標を前年までの年率7・5%前後から7%前後に引き下げた。その後、全人代において示される成長率は、16年には6・5～7%、17年には6・5%前後と3年続けて引き下げられた。こうして見ると「楽観シナリオ」は経済成長率をやや高く見積もりすぎており、現時点では「慎重シナリオ」のほうが現実味を帯びてきている、といえるかもしれない。

もちろん、こういった将来の予測は外れるのが常である。それでも大きな政治上の混乱や、世界経済を巻き込むような経済危機がない限り、それほど遠くない将来、中国が米国を凌《りょう》駕《が》して世界最大規模の経済大国となることは、ほぼ間違いないといってよいだろう。

GDP統計に対する不信感

その一方で、中国経済に関する議論の前提となるGDPなど経済統計の信頼性には、絶えず疑問が投げかけられてきた。例えば、2015年の上半期に実質GDPの成長率が7・0%になるという数字が公表されると、その信頼性に疑問が噴出した。多くの工業製品の名目の生産額がマイナスになっていたにもかかわらず、工業部門の付加価値は実質6%の伸びを記録するなど、統計間の不整合が目立ったためである。

こういった状況を受けて、中国のGDP統計は大嘘だ、とか、GDPは公式統計の3分の1で実際は世界第3位だ、といった煽《せん》情《じょう》的なタイトルの書籍が日本の書店に並ぶ一幕もあった。しかし、中国のGDP統計の問題点については専門家による地道な議論が積み重ねられてきており、たとえ統計の信頼性に疑問が持たれるとしても、それらの「誤差」がどの部分から生じるのかという点について、おおよそのコンセンサスができている。

もちろん、現在の中国のGDP統計に問題があるのも事実である。では、具体的にどのような問題があり、にもかかわらずそれが「デタラメ」ではないとなぜいえるのか、その点をきちんと述べておかなければ説得力を欠くだろう。以下では、やや煩雑《はんざつ》だが、中国GDPの「誤差」がどのような要因によって生じるのかを、いくつかのトピックに分けて詳しく見ておくことにしよう。

なお、以下の文章を読み進めていく上では、GDP統計に関する名目値と実質値を区別することが重要になる。名目値とは、実際に市場で取り引きされている価格に基づいて推計された値であり、実質値とは、名目値から物価の上昇・下落分を取り除いた値である。経済成長率を見る場合、名目値は、インフレ・デフレによる物価変動の影響を受けて大きく変動するために、デフレータ（名目値から実質値を算出する際に用いられる価格変化の指標のこと。実質GDP算出に用いられるデフレータを特にGDPデフレータと呼ぶ）によって、それらの要因を取り除いた実質値を用いるのが一般的である。

問題の原点——SNA体系への移行

中国が改革・開放政策といわれる市場経済化路線を歩み始めるに伴い、それまでの計画経済時代に採用されていた統計システムも見直しが迫られるようになった。具体的には、１９８０年代後半から１９９０年代にかけて、マルクス主義経済学に依拠したソビエト型の統計システムであるＭＰＳ（Material Product System）から、先進国を中心に国際標準としてより広く採用されてきたＳＮＡ（System of National Accounts）へという、統計システムの大規模な移行が行われた。ソビエト型のＭＰＳの最大の問題点は、イデオロギー的な観点から、小売りや物流などサービス部門（第三次産業）の活動を統計に含めていなかった点にある。また、統計データの収集を独立の機関が行うのではなく、企業からの一方的な報告に依存していた点も、データの捏造《ねつぞう》を日常的なものにしていた。そのことが１９５８〜60年の大躍進の際の統計の水増し報告につながったと考えられている。

そういった問題点の多いＭＰＳから、現在のＳＮＡへの移行のポイントは、いかにしてサービス部門の経済活動を把握して、この部門の統計を整備するか、という点にあった。

まず、１９８５年には国家統計局によって「第三次産業統計の樹立に関する報告書」が提出され、サービス部門の統計の整備と、それをもとにしたＧＤＰ統計の作成が開始されるなど、徐々に統計システムの移行が行われていく。特に、１９９１年から92年を対象に行われた第三次産業センサス（全数調査）の結果によって、ＧＤＰ統計がカバーする範囲は大幅に拡大した。

これらの成果を基盤にして、1993年から全面的なSNAへの移行が始まる。だが皮肉なことに、統計データの国際標準への移行と、長期的なGDP統計の推計値が整備されるのと並行して、海外から公式統計におけるGDP成長率の過大評価を指摘する研究が相次いで発表されるようになった。その代表例が、以下に紹介するロースキーによる研究である。

トーマス・ロースキーの問題提起

2000年代初頭、中国のGDP統計の信頼性への疑問がジャーナリスティックなレベルでも注目を集めることになる。きっかけとなったのは、著名な中国経済研究者であるピッツバーグ大学のトーマス・ロースキーが、2001年『チャイナ・エコノミック・レビュー』誌に発表した論文「中国のGDP統計に何が起きているのか（"What is Happening to China's GDP Statistics?"）」である。同論文でロースキーは、1998年から2000年までの公式の実質GDP統計およびその成長率の信憑《しんぴょうせい》性を疑問視し、特に1998年の実質成長率は公式統計よりも大幅に低く、マイナス成長の可能性さえある、と主張した。

ロースキーによる指摘は、主に他の経済統計との整合性に関するものだった。例えば、1998年には公式統計では7・8%の成長率を記録したにもかかわらず、エネルギー消費額の統計はマイナス6・4%を記録した。過去に長期にわたって高度の経済成長を続けてきた日本やアジアNIES（韓国、台湾、香港、シンガポール）のケースでは、いずれも経済成長に伴ってエネルギー消費も大きな伸びを記録しており、1998年以降の中国のようなケースは極めて異質だ、と彼は指摘する。

ロースキーは、1998年における航空輸送量の伸びが2・2％であったことから、その数値が成長率の上限とみなせるとし、1998年の経済成長率の推計値として、マイナス2・0％からプラス2・0％という、公式統計を大幅に下回る数字を主張した。これは、経済活動の実態を反映していると考えられる信頼性の高い指標をベースに、GDPもそれに同調して動いていると仮定して推計を行うものである。ちなみに後で触れる「李克強指数」を用いてGDP成長率を推計するやり方も、基本的にこの方法を踏襲したものである。

彼の発表した論文が世界の広い関心を集めたため、中国の政府関係者や、海外の中国研究者からの反論が行われた。そのなかには、後述するように工業企業の統計データの連続性の問題から、この時期のエネルギー消費の統計もまた過小評価されている可能性が高く、その数字がGDP成長率と乖離《かいり》しているからといって、必ずしもGDP成長率が大幅に過大評価されているわけではないという有力な指摘もあった。

一連の議論の結果、1998年から2000年にかけて公式統計がGDP成長率を一定程度過大評価している可能性は高いものの、ロースキーのように大幅な下方修正が必要だとする主張もまた根拠を欠いているというのが多くの専門家の判断だった。ロースキー自身も、のちには、エネルギー消費量の統計など彼が根拠とした指標自体にも問題点が多いことを認めている。

鉱工業企業統計の改定をめぐる誤差

ここで、ロースキーの問題提起が、1998年以降のGDP統計について行われたことの意味について説明しておこう。実は、1998年には、鉱工業企業に関する生産額や利潤額の推計方法が大きく変化した。その際の統計の連続性の欠如や、サンプル調査の制度の低さが、GDP統計の信頼性の低さの背景の一つになっていることが指摘されている。

1998年以前は、中小企業に関するデータを、個々の企業から地方の統計局に対して行われる自己申告をもとに集計していた。しかし、その際しばしば虚偽の報告がなされたため、統計局が行うサンプル調査をベースに全体の推計値を算出するという方法へと変更されたのだ。具体的には、すべての国有企業と一定規模以上の非国有企業については統計局が直接データを収集し、それ以外の売上額500万元未満（2011年より同2000万元未満）の非国有企業については、省や県レベルの統計局が実施するサンプル調査のデータを用いて全体の集計値を算出するという方法がとられることになった。

このような統計制度の見直しによって、鉱工業企業に関する統計には明らかな「非連続性」が生じることになる。データの非連続性が存在する以上、１９９８年前後における工業企業の生産額や成長率の評価にはかなりの慎重さが要求される。例えば、香港科技大学のカーステン・ホルツは、ロースキーが指摘したエネルギー消費額のデータは、サンプル調査によってはカバーされないため、統計データを直接収集する企業の範囲が狭まったことによって大きく減少した可能性がある、と指摘している。

代替的な推計方法の長所と短所

ロースキーに限らず、中国のＧＤＰ統計に不備があるとして、多くの専門家が代替的な数値を計算してきた。それらは大きく分けて二つに分類される。

一つは経済の実態をより反映していると考えられる指標を組み合わせた代替的な成長率を用いるものである。ロースキーのころから、ＧＤＰ統計と他の経済変数との整合性のなさを問題にする議論は存在したが、そのなかでも最も有名になったのが貨物輸送量、電力消費量、銀行融資残高の伸びを経済成長の指標として用いる、いわゆる李克強指数であろう。だが、李克強指数は、現首相の李克強が国有企業を中心として、鉄鋼業などの重厚長大型の産業に多くを依存する遼寧《りょうねい》省のトップだったときの発言であり、これをそのまま用いるとそれらの産業の状況を過大に評価した結果が出てしまう、という問題がある。

この点で、より洗練されているのがキャピタル・エコノミックスによるチャイナ・アクティヴィティ・プロキシ（CAP指標）を用いた代替的な推計である。CAP指標は、発電量（製造業の代理変数、以下も代理変数を指す）、貨物輸送量（経済活動全般）、建設中の建物床面積（不動産開発）、乗客輸送実績（サービス業）、そして海運輸送量（国際貿易）の5つの指標を加重平均したもので、これらの指標の伸び率を総合して、実態に近いGDP成長率を推計しようとするものである。

李克強指数やCAP指標といった代替指標の示す成長率は、2014年から15年にかけて実質GDP成長率を大きく下回り、この時期のGDP統計が偽造されているという議論の一つの根拠になった。しかし、2016年になり、中国政府が需要を下支えするために積極的な公共事業を行うようになると、貨物輸送量や電力消費量といった「オールド・エコノミー」の代表的な指標が急激に上昇し、その結果、李克強指数の成長率は公式GDPの成長率をむしろ上回るようになった（図0-1）。

「中国政府のごまかしが利かない」究極の統計として、米国の軍事気象衛星により撮影された夜の地球表面の画像データを用いた研究がある。この衛星画像による夜間の光強度データは、都市域の拡大、人口分布面の推計、エネルギー消費量・GDPの推計などの人口・経済

図０－１　李克強指数と実質GDP成長率（四半期、対前年同月比）

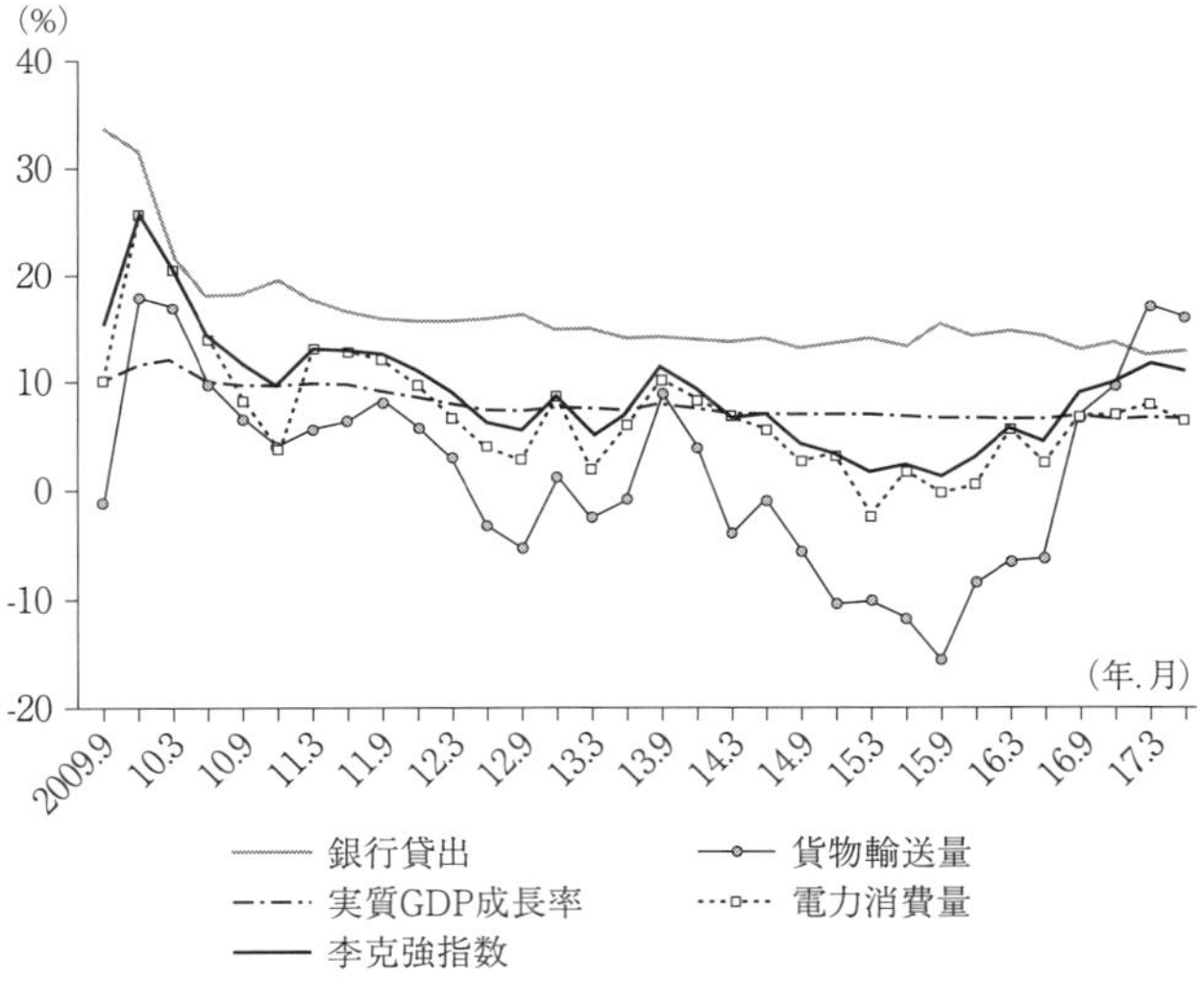

出所：CEIC Data

指標と強い相関を持つことが知られている。ニューヨーク連邦準備銀行エコノミストのハンター・クラークらの研究グループは、衛星画像から得られた２００５年から13年までの各省ごとの夜間の光強度の年間累計値と公式ＧＤＰ統計、李克強指数などＧＤＰの代替的な指標との関係を求めた上で、それをベースに２０１４年と15年の実質ＧＤＰ成長率について独自に補正を行った。そして、２０１５年後半に中国経済が急速に収縮したという多くの専門家の指摘に反し、実質成長率に関する彼らの独自の推計値は公式統計の数値よりも高いという結果を示している。もっとも、この方法で用いられている夜間光のデータは2013年までのものであり、14年以降のデータを用いて同様の推計を行った場合は異なる結果が得られる可能性がある。

一方、GDPの代替的な推計のもう一つのやり方は、デフレータの算出やサービス部門の推計など、疑わしいと思える部分に独自の仮定を置いてGDPの推計をやり直すものである。一橋大学のハリー・ウー（WU, Harry Xiaoying）による推計がその代表的なものである。ウーは、1970年代からの公式GDP統計の信頼性に疑問を投げかけ、特にサービス部門の付加価値と価格指数について独自の仮定を置いて推計を行った。その結果、1978年から2014年までの実質GDP成長率は公式統計の年平均9・8%より低い平均7・1%であり、1990年価格で測った実質GDPも公式統計より36%ほど低くなる、と結論づけている。

ただ、ウーの推計は長期間にわたってサービス部門における労働生産性がまったく変化しない、などかなり無理な仮定を置いているといった指摘もあり、彼による代替的な推計は、実質GDP推計に関する一つの「下限」を示すもの、と考えたほうがよさそうだ。また彼が行っている代替的な推計は、あくまでも特定の年を基準とした実質GDPの値に関するものだという点にも注意が必要である。その値が過大評価されているということは、必ずしも2014年の名目GDPが大幅に水増しされている、ということを示すものではない。後述のようにGDPデフレータの信頼性には大きな疑問があることを踏まえれば、彼の推計結果はあくまでもデフレータが過小評価されている可能性を示唆するものと考えたほうがよいだろう。

また、李克強指数はもとより、CAP指標のような洗練された代替指標でもサービス産業の伸びを十分に補足できているわけではなく、このため製造業からサービス産業への移行が急速に生じたここ数年に実体経済との乖離が生じている可能性がある。

このように代替的な指標や推計にもさまざまな問題点があり、切り札となるような推計があるわけではない。複数の推計結果が示している通り、2014年、15年あたりの実質GDP成長率については、ある程度過大評価されていた可能性は高そうだが、これは決して恒常的な成長率の水増しが行われていることを示すものではない。現に、2016年に経済が回復を始めると、李克強指数などの代替指標が軒並みGDP成長率を上回ったこともあり、GDP成長率の過大評価を指摘する声も次第に下火になっていった。

2　誤差が生まれる理由

それでは、現在の中国のGDP指標を見るときに、どのような点に注意すればよいのだろうか。

サービス部門の付加価値額

GDP統計に誤差が入り込む要因のうち、最大のものの一つが、サービス部門の統計の精度の低さである。すでに述べたように、中国の統計制度が国際水準にのっとったSNA体系に移行する過程で、サービス部門の統計をどのように整備するか、という点が最大の懸案となった。その後サービス部門の付加価値額の統計に関しては、センサス調査などを通じてたびたび改訂が重ねられてきたが、その評価をめぐっては現在でも議論が続けられている。

例えば、前節で名前を挙げたウーは、政府の公表する実質GDP成長率が長年にわたって過大評価されてきた要因として、第一にサービス部門の成長率が雇用統計の伸びに対して明らかに過大に評価されていること、第二に価格指数の信頼性が乏しいことを挙げている。

一方、香港科技大学のホルツは、現在のGDPの水準が、いまだカバーされていないサービス部門や、「ヤミ経済」の存在によって、過小評価されている側面を強調する。これまでにも、帰属家賃（自己の持ち家についても借家や借間と同じような付加価値を生んでいると仮定し、その分をGDPに参入したもの）および福祉サービスの漏洩《ろうえい》などいくつかの項目を十分にカバーしておらず、過小評価されている面があることは専門家によってたびたび指摘されてきた。これらのことからホルツは「代替的な推計も不十分で、公式統計よりも優れているとはいえない」とし、公式統計には十分な利用価値があると結論づけている。

さらにセンサス調査に基づきサービス部門を中心にGDPの値が修正される場合、過去のデータとの整合性をどうするのか、ということが問題になる。例えば、2004年の第1次経済センサスの際は1993年に遡及《そきゅう》して名目・実質GDPの値が上方修正された。中国のGDPが過去に遡及して修正される際には、「トレンド階差法」という方法が用いられる。これは、まず1992年の値および旧方式で求めた2004年の値によって旧データのトレンド値を求め、次に1992年の値と新方式で求めた2004年の値を用いて新データに対するトレンド値を求める。そして1993年から2003年までの旧データと新データのトレンド値とを比較することでその比率係数を求める。最後にこの比率係数を使って過去の実際のデータを改訂する、というものである。

ただ、このような修正が行われることにより、公表されるGDPの成長率は変動の少ない、滑らかなものになる傾向がある。その過程において、特定期間における成長率の落ち込みなどが隠されてしまう可能性がある。いずれにしても、サービス部門の統計は整備の途上であり、今後も見直しが続けられていくものと思われる。

GDP実質化に関する問題

実質GDPの成長率に誤差が生じるもう一つの大きな要因は、デフレータの推計である。実質成長率は、名目成長率から価格上昇分を除いたものなので、その値はデフレータによって大きく左右される。しかし、このデフレータにも大きな問題が存在する。中国の場合、例えば工業部門の付加価値は、1990年代末まで企業自らがその実質値を申告しており、GDPデフレータは、そのようにして求められたGDPの実質値と名目値との比率として求められるにすぎなかった。このようなやり方では、企業がきちんと実質化を行ったかどうかのダブル・チェックができず、信頼性に欠けるとされてきた。

北京航空航天大学の任若恩（REN, Ruoen）は、このようにして求められるGDPの実質値に代わり、統計局が独自に調査を行って算出した価格指標（農産物買付価格、工業製品出荷価格など）をベースに推計を行い、1985年から94年までの実質GDP成長率を、公式統計の年平均9・8％に対して、6・0％だったと結論づけている。

現在では、実質GDPを求める際に、国家統計局が独自に推計したデフレータを用いて実質化を行っている。しかし、そのやり方は、まず各産業における付加価値を総生産値から中間投入財を引いて求め、その付加価値をデフレータを用いて実質化するという、いわゆるシングル・デフレーション法である。

この方法は、総生産値と中間投入財の物価上昇率が同じであれば問題はないが、両者の間に乖離があるときは付加価値の実質値に過大／過小評価をもたらす。この点を補正しようと思えば、総生産値と中間投入財の名目値をそれぞれ別のデフレータによって実質化した上でその差より実質付加価値を求めるダブル・デフレーション法を用いる必要があるが、中間財の価格指標を求めることの技術的制約により、中国では用いられていない。

GDPの実質化をめぐる議論は現在でも続いている。例えば松岡秀明ら日本経済研究センターの研究チームは、中国のGDPデフレータが輸入価格の変化を十分に反映していないという批判を受けて、GDPの各項目別にデフレータを推計し、独自に実質GDP成長率の推計を行った。その結果、7％と公表された2015年前半期の実質GDP成長率は、実際には5・2〜5・3％程度だったのではないかと指摘している。

いずれにせよ、サービス部門の付加価値の推計と実質化の際の価格指標の問題は、中国のGDP統計の構造的な「アキレス腱」だといえるだろう。

地方GDPの水増し報告問題

中国では、これとは別に31の省・市・自治区（地方政府）が公表する地方GDPの統計があり、こちらもまた固有の問題を抱えている。というのも、これら省レベルの地方政府が発表するGDP統計の合計が中央政府（国家統計局）のそれと合致しない、という問題があるからだ。その背景として、地方のGDP成長率が地方指導部の評価を左右するといった中国独自の官僚の考課制度をはじめとした、政治的な要因もあることが指摘されてきた。

例えば2017年8月に、遼寧省の2017年1〜6月期の名目域内総生産（GDP）が前年同期比マイナス20%に急減したと発表され、国内外で驚きをもって受け止められた。一方、同省の実質成長率はプラス2・1%。1〜6月期の消費者物価や卸売物価はともにプラスと発表されており、名目成長率の統計とまったく整合性がとれていない。なぜこのような混乱が見られたのか。同年8月1日付で中国政府は「統計法」実施条例を施行し、経済統計の水増しや捏造を厳しく摘発するようになった。この背後には、反腐敗キャンペーンを進める習近平《しゅうきんぺい》政権の強い意向があるといわれている。腐敗が蔓延《まんえん》している地方ほど、役人の都合のいいように統計数字が操作されやすいと考えられるからだ。

遼寧省を含む東北地方は、重厚長大型の国有企業を多く抱える地域であり、鉄鋼の過剰生産が問題になる昨今は特に低迷が伝えられている。その意味で、実態を隠すために数字のごまかしが継続的に行われていた可能性は高いと考えられる。つまり、２０１７年に、それまでの過大評価されていた数字を修正した名目値を出したため、前年比較の成長率が大きく落ち込んだ、と見るのが自然だろう。

地方政府による経済統計の水増しは財政収入にも及んでいる。２０１７年12月に公表された会計検査院にあたる中国審計署のレポートは、直轄市の重慶《じゅうけい》市ほか3省の計10の県・市が財政収入を約15・5億元水増ししていたことを指摘した。このほか、内モンゴルや天津浜海新区が財政収入の水増しを自ら認めて公表し、日本でも報道されて注目を集めた。

ごまかしの背景

地方レベルで統計数字の意図的なごまかしが後を絶たない背景には、経済政策の運営に地方政府が強い権限を持つ、改革開放以降の中国経済に特有の問題がある。

特に１９８０年代から90年代にかけては、徴税の権限ならびにその規準となる統計データの収集においても、地方政府が大きな権限を持っていた。また、さまざまなレベルの地方政府で統計データが集計される過程では、統計局以外にも多くの部署が関わっており、そこで統計に関する虚偽報告が行われていたと考えられる。すでに述べたように１９９８年以降、各種の価格指標や鉱工業企業統計の作成に関し、サンプル調査をベースにした推計方法が採用されるようになった背景には、統計データの収集に地方政府が関わることで生じるバイアスを排除しようという中央政府の意図が存在していた。

しかし、その後も全国GDP統計と地方GDP統計との間の乖離は縮小するどころか、ますます拡大していった。地方GDP統計の過大評価問題について、説得力のある説明を行っているのが日本総研の三浦有史による検証である。三浦によれば、地方政府のGDPが全国の値に比べて過大になる原因は、工業付加価値の過大評価にあるという。

少し詳しく説明しよう。中国のGDPの構成要素である鉱工業付加価値の統計のベースになっているのは、一定規模以上の工業企業のデータを国家統計局が収集して得られた工業付加価値の統計である。鉱工業付加価値の統計は工業付加価値に含まれない中小企業のデータも含んでいるため、必ず後者の値を上回るはずである。しかし、実際には2007年以降、カバレッジ（データがカバーする範囲）がより小さいはずの工業付加価値の値が、鉱工業付加価値の値を上回るという「異常な事態」が生じている。

三浦によると、国家統計局も工業付加価値の統計が過大評価されていることを認識しており、これに一定の下方修正を施した上で、工業付加価値のカバレッジに含まれない中小企業のデータを加えて鉱工業付加価値の統計を算出しているのだという。しかし、地方政府が独自に算出している地方のGDP統計では、下方修正が行われず、過大評価された工業付加価値の統計をそのまま用いて地方ごとの鉱工業付加価値の統計を算出している。このため、地方レベルの鉱工業付加価値の合計値と、国家統計局が発表している全国レベルの鉱工業付加価値の間には大きな乖離が生じている、というのが三浦の説明である。

三浦は、乖離が生じる原因として、前述の地方官僚の考課制度に代表される政治的要因のほかに、鉱工業増加値の推計に関する問題などの技術的要因を挙げ、重層的なものであると説明している。

ただし、地方ＧＤＰ統計におけるごまかしの存在が、ただちに中央レベルの統計においても同様の事態が生じていることを示すわけではない。また、この問題は国家統計局においても十分に認識されており、２００８〜15年まで国家統計局局長の座にあった馬建堂局長の時代には、虚偽記載に対する厳しい罰則を設けた統計法の改正が行われるなど、改善に向けた努力がなされた。ただ残念なことに、その後を継いだ王保安局長の任期（２０１５年４月〜２０１６年２月）中に、数百人の国家統計局職員が統計データを不正に操作して利益を得たという疑惑が生じ、王局長の解任にまで発展している。中国の統計の信頼性には、統計データ作成に関わる「人」の信頼性も密接に関係しているのが実情なのである。

中国経済の「不確実性」について

これまで見てきたように、中国のＧＤＰについては極論も含めてさまざまな見解が噴出している。その背景に、中国経済を客観的に論じること自体の難しさがあることは間違いないだろう。データや統計の信頼性の低さだけではなく、たとえば経済を動かしているシステムが普段見慣れている先進国や日本の経済システムとはかなり異質なものを含んでいる点がある。そのため、システムの構造自体を理解しなければ、リスクがどの程度のものなのか、客観的な評価が困難になり、専門家でも判断が分かれてしまう。

そういう意味で「不確実性」の部分が大きい経済だといえるだろう。本来、不確実性はネガティブに評価されるが、それがダイナミズムをもたらしている部分もあり、非常に判断が難しい。シカゴ派の経済学の創始者ともいわれるフランク・ナイトは、例えば自動車事故のように生じる確率が客観的に判断可能であり、それゆえ保険によってカバーできる「リスク」に対して、そのような客観的な確率の計算が不可能であり、文字通り何が起こるかわからないような状況のことを「不確実性」と呼び、明確な区別を行った。

「中国経済はわけがわからない」「何が起きるのか予想もつかない」というのは、中国経済を「不確実性」として捉えているわけだ。「リスク」であれば保険などのリスクヘッジで対応できるが、真の「不確実性」に対してはそれもできないので、一般にはそれを避けようという心理が働く。

中国経済については、実態を調べていけば実際は「リスク」として理解できる現象でも、それを確定するための知識や情報が錯綜《さくそう》しているので、「不確実性」として捉えてしまいがちだ。そのため、「ダイナミズム」よりもネガティブな側面が強調される傾向にあるのではないだろうか。

特に日本では、中国経済の不確実性をネガティブに評価する傾向が強い。逆に、ポジティブな面にはあまり目を向けることがない。その背景には、やはり政治、外交、安全保障で日中間の摩擦があり、脅威論の裏返しの崩壊論がセットで出てくることがある。不安を解消するために、「今は脅威に見えるが、いつまでも続かない」と思いこみたいという心理が働き、ネガティブなバイアスが働く、というわけだ。

中国のGDP統計は、このようなバイアスが最も働きやすいトピックの一つである。確かに、中国のGDP統計の精度は決して高いとはいえないかもしれない。しかし、それがまったくのデタラメではなく、ある一定の傾向を持つ「誤差」を反映したものだということを知っているだけで、そこから受ける印象はずいぶん違うはずだ。中国の統計のデタラメさを必要以上に言い立てることは、それ以上にデタラメな、トンデモ経済論に陥ることになりかねない。市井にそういったトンデモ中国経済論があふれる今日、本章の内容が中国のGDPについて冷静に議論するためのささやかなツールとなってくれることを願うばかりである。

参考文献

（日本語）

許憲春（２００９）『詳説 中国ＧＤＰ統計―ＭＰＳからＳＮＡへ』新曜社

小島麗逸（２００３）「中国の経済統計の信憑性―ＧＤＰ統計」『アジア経済』５・6月号

松岡秀明・南毅・田原健吾（２０１５）「中国の真の実質ＧＤＰ（Real Real GDP）を探る―７％成長は、５％前後の可能性」『ＪＣＥＲ経済百葉箱』第83号

丸川知雄・梶谷懐（２０１５）『超大国・中国のゆくえ４　経済大国化の軋みとインパクト』東京大学出版会

三浦有史（２０１３）「中国の地方ＧＤＰ統計の信頼性」『環太平洋ビジネス情報ＲＩＭ』Vol.13, No.48

（英文）

Clark, Hunter, Maxim Pinkovsky and Xavier Sala-i-Martin（2017）, "China's GDP Growth May Be Understated." *NBER Working Paper, No.23323.*

Holz, Carsten A.（2014）, "The Quality of China's GDP Statistics," *China Economic Review*, Vol.30, pp.309-338.

Rawski, Thomas G.（2001）"What is Happening to China's GDP Statistics", *China Economic Review,* Vol.12, pp.347-354.

Ren, Ruoen（1997）*China's Economic Performance in an International Perspective,* OECD Development Centre, Paris.

Wu, Harry X. and The Conference Board China Center（2014）, "China's Growth and Productivity Performance Debate Revisited: Accounting for China's Sources of Growth with a New Data Set," *Conference Board China Center Working Paper,* EPWP1401.

第1章　金融リスクを乗り越えられるか

1　変調を招いたデット・デフレーション

序章で中国経済のことを、客観的な評価が困難であり、専門家でも判断が分かれてしまうような「不確実性」が大きい経済だ、と述べた。記憶に新しいところでは、２０１５年夏から２０１６年初頭にかけて、上海総合株価指数の急落と政府による株価維持策、さらには人民元の対ドル基準値の大幅な切り下げなど、中国経済の先行きに不安を投げかけるような事象が相次いで生じた。その結果、中国経済の不確実性、特に「金融リスク」に全世界の市場関係者の関心が集まった。また、企業および政府部門が抱えた巨額の債務が、信用危機を引き起こすリスク要因になるという見方も根強い。はたして、中国経済の「金融リスク」にはどの程度警戒が必要なのだろうか。

本章では、２０１５年から16年に中国経済が経験した「変調」を、いわゆる「国際金融のトリレンマ」として知られる、開放経済下における金融政策の自立性の問題として捉える。さらにその背景にある、中国政府がこれまで取り組んできた人民元の国際化の是非についても論じたい。

高度経済成長の終焉と「変調」

高度経済成長に陰りが見え始め、「新常態」といわれる安定成長路線が規定方針となった中国は、それまでの投資依存型の経済成長を見直し、新たな発展戦略を模索し始めた。例年、実質的な経済政策の方針が決定される中央経済工作会議の２０１４年12月の会合では、中国経済が「新常態」と表現される安定的成長段階に入ったことが強調され、市場メカニズムを重視した改革の継続や、投資に依存した成長路線からの転換が説かれた。この方針を受け、２０１５年３月の全国人民代表大会では、経済成長の目標を前年までの年率７・５％から７％前後に引き下げることが表明された。その後、成長率の目標は、２０１６年には６・５〜７％、そして17年および18年には６・５％前後と、順次引き下げられた。

中国経済が「新常態」に舵を切った２０１５年は、株価の急落に代表される変調が世界経

図１－１　中国株：上海総合株価指数の動き（2005年１月～2018年６月）

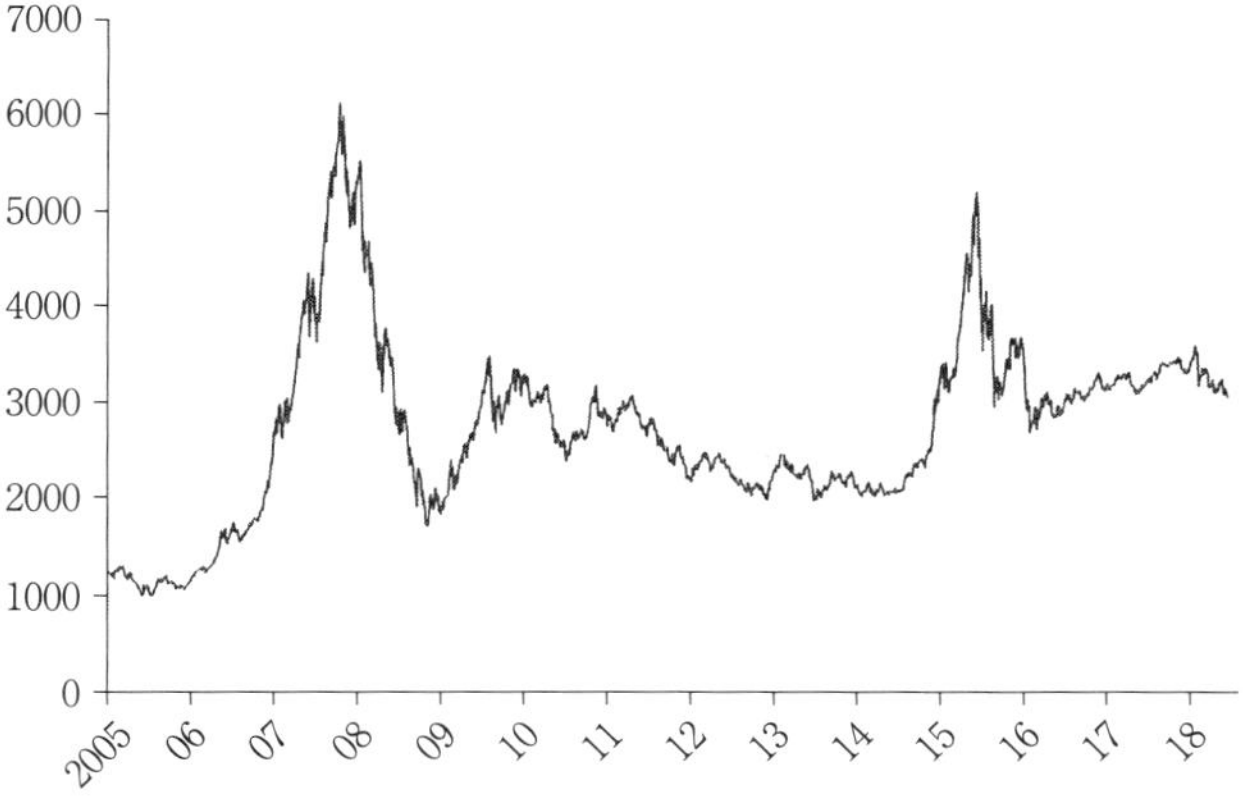

出所：CEIC Data

済に影響を及ぼした年でもあった。中国経済の変調に注目が集まったきっかけは、２０１５年６月から７月にかけての株式市場の急落と、それを受けた政府による株価維持策である（図１－１）。６月12日、上海総合株価指数は７年ぶりの最高値をつけた後に急落し、３週間で30％ほど下落して４０００台を割り込んだ。株価急落の後は、政府が大手国有企業に自社株買いを、また国有の証券会社には投資信託の買い支えを要請するなど、露骨ともいえる株価維持策＝「救市（マーケット救済）」が注目を集めた。さらに「悪意のある空売り」の取り締まりを行うとした公安当局により、マーケットの変動を煽《あお》る報道を行ったとして経済誌の記者が拘束される事態まで生じた。このような「救市」が功を奏し、7月下旬に株価指数はいったん4000台を回復した。

しかし、株価は7月27日には前週末比8・5%の、また8月24日にも同様の下落を見せた。さらに、中国の株式市場の下落は、これまで世界経済を牽引《けんいん》してきた中国経済に対する悲観的な見方を誘発し、同日のニューヨークダウ平均株価が一時1000ドル以上の下げ幅を記録するなど、上海発「世界同時株安」が生じるのではないかという懸念が広がった。

人民元切り下げの波紋

これに加えて、中央銀行である中国人民銀行が同年8月に行った、人民元の対ドルレート基準値の切り下げも大きな波紋を呼んだ。中国人民銀行は8月11日、対ドルの為替レートの目安となる基準値を前日より2%近く切り下げて元安にすると同時に、前日の終値を参考にした、より市場の実勢に即した決定方法に改めると発表した。続く12日と13日にも小刻みな基準値の引き下げが行われ、人民元の対ドルスポットレート（元とドルの現物取引の交換レート）は3日間で4・5%ほど切り下がった（図1-2）。この一連の措置は、現在では人民元をSDR（特別引出権）の構成通貨にするために必要な措置として、IMFの勧告に従ったものだということが明らかになっている。

SDRとは、IMFが各国に割り当てる主要な通貨の引出権のようなもので、1969年、

図1－2　元-ドルレートの推移（2015年1月～2016年12月）

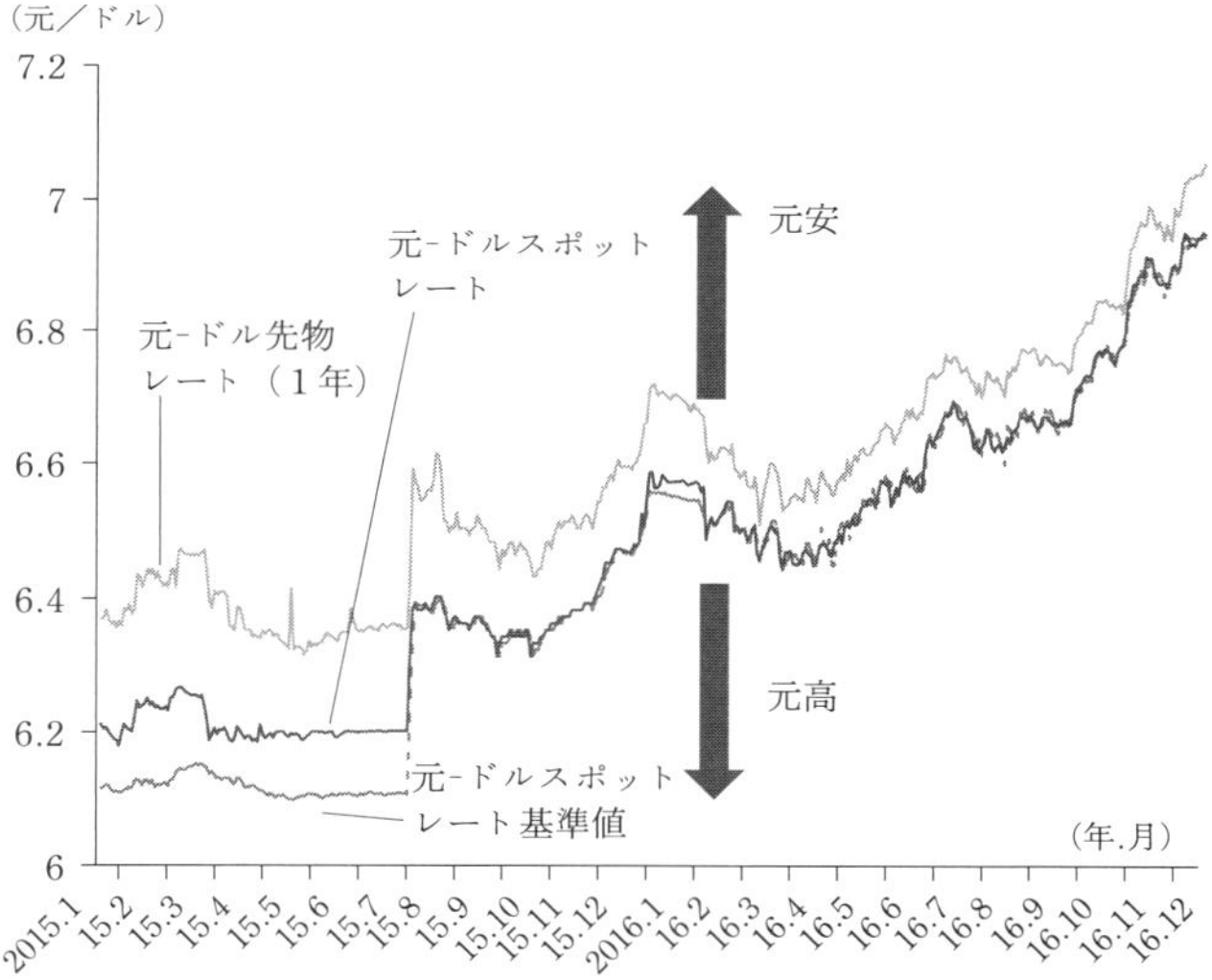

出所：図1に同じ

ブレトンウッズ体制の下で誕生した。IMFの加盟国が外貨不足に直面した際、その構成通貨のどれかと一定の交換比率で交換する権利をSDRという架空の通貨単位で表したもので、実際にSDRという貨幣が流通するわけではない。従来は、米ドル、ユーロ、英ポンド、日本円の4通貨に一定比率で連動する通貨バスケットで構成されていたが、国際的地位の向上と「人民元の国際化（後述）」の象徴として、人民元をSDRの構成通貨の一つに加えるよう、中国政府はIMFに対し働きかけを続けていたのである。

ここで、ややわかりにくいと思われる人民元とドルとの為替レートの決定方法について、解説しておこう。人民元とドルなどの外貨との為替レートは、2005年に対ドルの固定相場制が廃止されて以降も、完全に市場メカニズムを通じて決定されてきたわけではない。外国為替取引が行われる日には、中国人民銀行があらかじめ対ドルレートの介入の目安となる「基準値」を発表し、当日の市場の変動を基準値の上下0・3%までに制限（その後変動幅は徐々に拡大し、2014年には上下2%とされた）、それ以上変動する場合は中央銀行が介入するという「管理変動相場制」が採用されてきた。この基準値は、主要通貨のバスケットによって決定される、というのが当局の見解であった。しかし、図1-2を見れば明らかなように、2015年1月から同年8月にかけて元-ドルレートの基準値はほとんど変動していない。この時期に限らず、2005年以降の元-ドルレートの基準値は、しばしば事実上のドルペッグ（対ドル固定相場制）ともいえる動きを見せており、その決定過程ならびに基準が不透明であることが指摘されてきた。

基準値の切り下げの話に戻ろう。2008年のリーマンショック以降、三回にわたって行われた米国連邦準備理事会（FRB）の量的金融緩和（QE）の影響を受け、中国をはじめとして国内に投資資金が流入していた。しかし2013年ごろから、QEの停止に伴い、為替相場はそれまでの元高基調から反転し、元安基調が顕著になっていた。IMFは、元安圧力を背景に、2015年に入ってから人民元の対ドル基準値は市場取引の値（スポットレート）から約2％乖離しており、より市場メカニズムに基づいた決定方法への是正が必要だと指摘していた。そのため、中国政府は基準値の切り下げに踏み切ったのである。この基準値算定の見直しにより、元‐ドルレートの基準値とスポットレートとの乖離は解消された（図1‐2）。

しかし、中国政府の市場との「対話」が不十分であったこともあり、中国経済への不安感はぬぐえず、2016年に入っても金融・資本市場を中心に不安定な状態が続いた。1月4日には、株価の変動が一定幅を超えると取引を中止するというサーキットブレーカー制度の不用意な導入もあって、上海総合指数は前営業日に比べ約7％下落した。また、1月7日には、人民銀行が対ドルレート基準値を0・5％以上切り下げたことが「元安容認」の姿勢だと受け止められ、元売り、および香港のオフショア人民元市場（非居住者を対象とした比較的規制の緩やかな人民元と外貨の取引市場）を通じた大幅な資本流出が生じた。株式市場でも投機的な売りが相次ぎ、開始後約30分で取引停止に追い込まれた。導入したばかりのサーキットブレーカーも停止され、大株主による保有株売却制限に関する新しいルールの設定という臨時的な措置がとられることになった。

過剰債務とデット・デフレーション

さて、この当時の中国経済の変調は、過剰債務の状況と、硬直的な為替政策があいまって、中国経済が「デット・デフレーション」の状況に陥っていたため生じたもの、というのが筆者の理解である。デット・デフレーションとは、企業など民間の経済主体が抱える過剰な債務が原因となって経済が目詰まりを起こし、不況が広がっていく現象のことを指す。

例えば、年5%のデフレが生じているとしよう。このことは企業の売り上げも年5%減少していくことを意味する。今年100万円だった売り上げが、次の年には95万円になってしまうのである。一方、企業が抱えている負債はデフレ下でも変化しないので、企業の実質的な債務負担は増えてしまう。このような状況が続くことが予想されると、企業は利潤を既存債務の返済に回し、新規投資や新規雇用を控え、そのことが経済全体での需要の低迷をもたらし、デフレがさらに悪化していくことになる。

このようなデット・デフレーションは1990年代のバブル崩壊後の日本経済や、サブプライムローン破綻やリーマンショック後のアメリカ経済など、20世紀末に資本が国境を越えて自由に移動するようになって以来、頻繁に観察されるようになった。しかもデット・デフレーションが深刻化した経済は、かなり長期間にわたって成長率の低下に悩まされることが多く、非常に厄介な「病」である。

民間部門の債務急増と二つのリスク

ここで、現在の中国経済が抱える過剰債務問題について見ておこう。BIS（国際決済銀行）が公表した数字によると、2016年6月末の金融機関以外の民間の債務残高はGDPの166・8％と、バブル期の日本を大きく上回った（ただし、2017年12月末には160・3％と若干低下している）。一方、中国の銀行業監督管理委員会（銀監会）が公表した数字によると、2016年12月末の時点で金融機関の不良債権は1兆5123億元、商業銀行全体の不良債権比率は1・74％である。これは先進国の水準と比べてもかなり低い数字だが、不良債権の分類基準が曖昧で実態を反映していないことが指摘されている。例えば、日本総研のエコノミスト関辰一は、2015年末の時点での潜在不良債権比率は8・6％で、公式統計の約5倍に達すると推計している。

中国経済の「過剰債務」問題が顕在化した背景には、第2章で検討するように、経済成長において投資に多くを依存する、いわゆる「過剰投資」体質があるほか、リーマンショック後の大規模な景気拡大策と「融資プラットフォーム」を通じた貸し出しの増加の問題が指摘できる（第2章参照）。リーマンショック後の2009年から、特に民間部門の債務残高の対GDP比が急増しているが、その増加分の多くは「融資プラットフォーム」として設立されたダミー会社の債務だと考えられる。

では、特に民間部門における累積債務の拡大は、中国経済にどのようなリスクをもたらすのだろうか。第一のリスクは、過剰な債務の多くが不良債権化し、日本のバブル崩壊後のような信用危機に見舞われる、というものである。ただしこの可能性はそれほど高くないと思われる。関の主張するように、商業銀行の不良債権比率が公式統計の約5倍だとしても、銀行部門全体の自己資本比率である13・7%（2017年末）を大きく下回っており、すべて同時に破綻したとしても、マクロ的には銀行部門が債務超過に陥ることはないからである。

もう一つのリスクが、景気後退期において民間投資を委縮させる、いわゆる貸し渋りのような現象が広範に生じる原因となり、景気回復を遅らせるというものである。筆者は、2015年の中国経済の「変調」は、この第二のリスクによって説明できると考えている。

図1-3が示すように、2012年ごろから15年にかけて、中国の消費者物価指数（CPI）はプラスが続いていたものの、生産者物価指数（PPI）はマイナス水準にあり、しかも2015年に入って物価下落のスピードは加速していた。中国のように、GDPに占める工業部門のシェアが大きく、しかも投資需要の動向が景気に重要な意味を持つ経済では、物価水準を見るのにCPIだけでなくPPIに注目することが不可欠である。民間部門が大きな債務を抱える状況では、生産者物価指数の低迷、すなわち企業の売上高の減少は実質債務

図１－３　各物価指数の動向（対前年同月比）

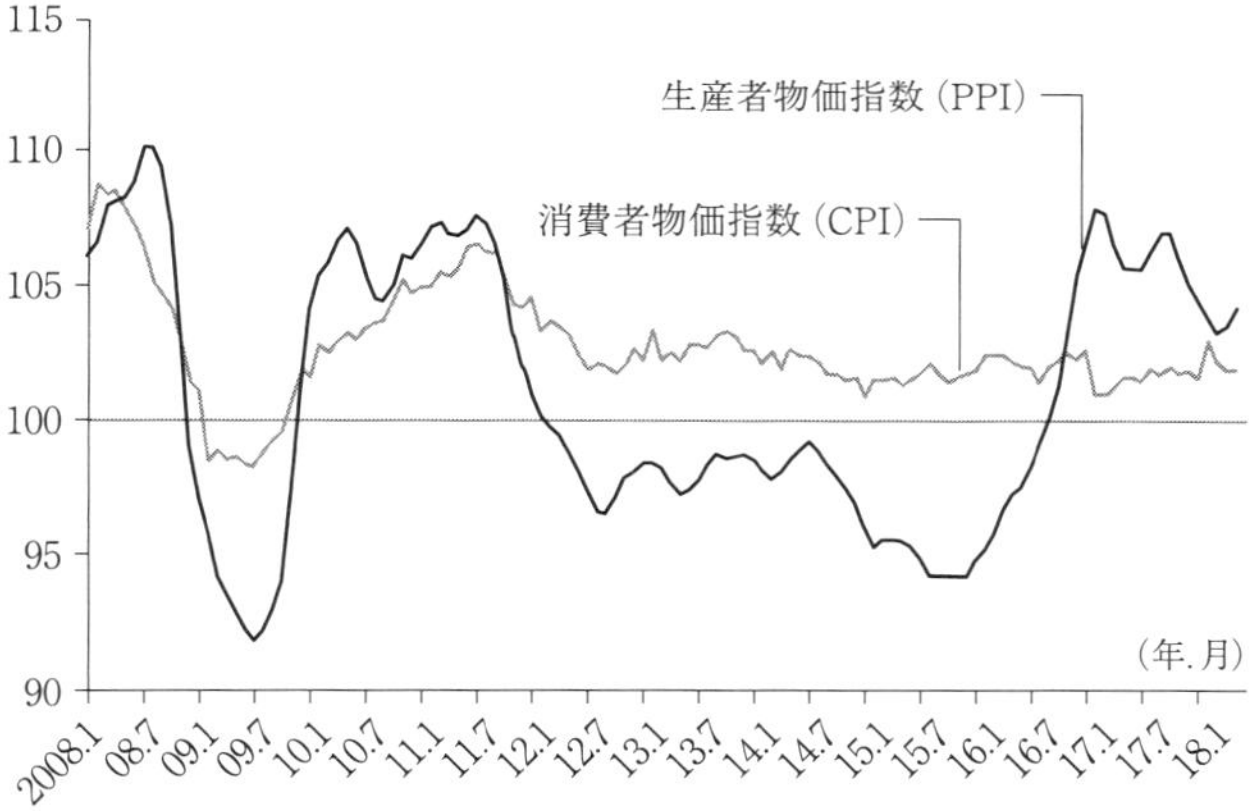

出所：CEIC Data

の拡大を意味し、債務を抱える企業にとっては命取りになる。以上から、２０１５年当時の中国経済はデット・デフレーションの条件をほぼ備えており、デフレが長引けば不良債権がいっそう拡大していった可能性が大きかったと考えられる。

清算主義とリフレ政策

デット・デフレーションに対する解決策は、大きく分けて二つある。そのうちの一つが「清算主義」である。これは低収益、高債務の企業を倒産させてでも債務を整理し、デフレをもたらした原因を根本からなくしてしまおうというものである。

もう一つの処方箋《しょほうせん》は、政府が積極的な金融緩和を行って物価水準を上昇させるという

「リフレ政策」を採用し、企業の実質的な債務負担を減少させるべきだ、というものである。1930年の世界大恐慌のときに、米国の経済学者アーヴィン・フィッシャーによって唱えられたことで知られている。リーマンショックの後の米国経済の回復という課題に立ち向かった前FRB議長のベン・バーナンキや、第二次安倍政権下における黒田東彦《はるひこ》日銀総裁の金融政策運営にも、その基本的な考え方が踏襲されている。

清算主義的な主張にも一理はある。そもそも今回のデット・デフレーションの原因は、リーマンショック後の大規模な景気対策に代表されるように、成長率を下支えするために非効率な投資が繰り返し行われてきたところにある。改革の「痛み」を和らげるために金融緩和を行えば、またしても非効率な投資が刺激されてしまう、という懸念には確かに説得力があるだろう。

しかし清算主義を採用し、デフレを放置して改革を断行した場合、何が起きるだろうか。デフレで企業の体力が弱っているような状況では、国有企業に比べて高い成長率を見込めるにもかかわらず、政府による救済措置が期待できない民間企業から先に倒産に追い込まれかねない。その結果、人的資源が有効に活用されず、かえって生産性が低下してしまうだろう。

以上を踏まえれば、デット・デフレーション下での望ましい経済政策の組み合わせは、資源配分の効率性を高める改革を行う一方で、改革の実施が需要面にもたらす負の影響を和らげるため、持続的な金融緩和（いわゆる「リフレ政策」）を行い、同時に名目為替レートの減価を容認する、といったものになるはずだ。しかし2015年当時の中国は、そのような望ましいマクロ経済政策の組み合わせが行われる状況にはなかった。その実施を妨げていたのが、為替制度の硬直性であったと考えられる。

硬直的な為替制度と透明性を欠いた金融制度のため、中国では長らく金融政策において元-ドルレートが価格を安定させる事実上の錨《いかり》（アンカー）として働いており、金利引き下げや量的緩和などの金融緩和政策の効果を削いできた。

例えば、2014年後半より15年8月までの間、香港で取引される1年物の元-ドル先物レートと人民元の対ドルスポットレートとの差は次第に拡大し、前者は後者に比べ3%から4%ほど元安水準で推移してきた。つまり、年率にして3〜4%の元安期待が存在するにもかかわらず、同時期の元-ドルスポットレートは約0・5%減価したのみであった（図1-2）。このことは、同時期に中国人民銀行が為替の減価を防ぐため、継続的に元買い介入を行っていたことを意味する。中央銀行による元買い介入は、国内に流通する元が回収されることを意味するので、金利引き下げなどの金融緩和政策を相殺してきたと考えられる。例えば、2015年第3、第4四半期の、現金通貨量と中央銀行準備金を合わせたベースマネーの伸びは、対前年比で減少した（図1-4）。このベースマネー成長率の減少は、PPIの低下にほ

図1－4　中国の外貨準備とベースマネー成長（四半期）

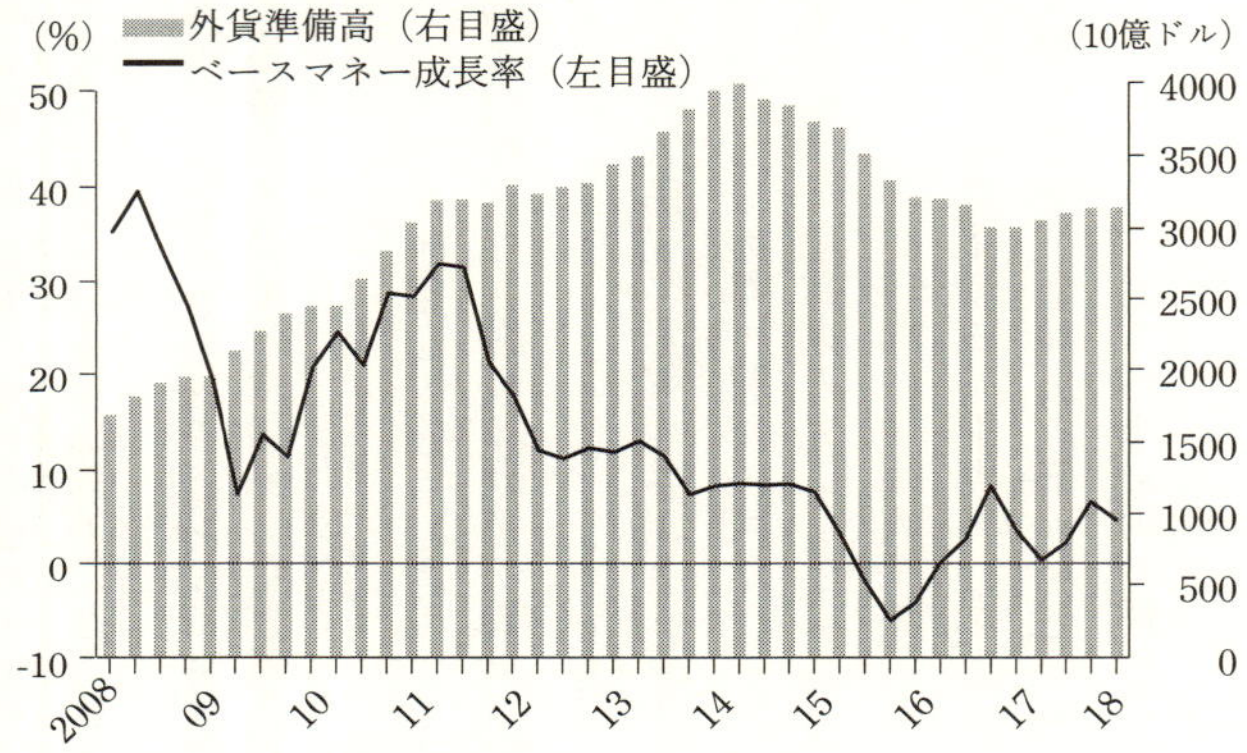

出所：CEIC Data、中国外貨管理局ウェブサイト

ぼ対応していることが見てとれる。

拡大する海外資本移動

ノーベル経済学賞を受賞したコロンビア大学のロバート・マンデルが指摘したように、「独立した金融政策」「通貨価値の安定」「自由な対外資本取引」の三つの政策に関しては、すべてを同時に実現することは困難だという「トリレンマ」の関係にあると考えられる。一般に、中国は実質的な固定相場制をとる一方で、外国為替管理を通じて投機的資金を厳格に管理し、その結果金融政策の自由度を確保してきた、と理解されてきた。しかし実際には、リーズ・アンド・ラグズ、すなわち輸出入業者による為替の変動を見越した投機的な外貨の運用などを通じ、かなりのホットマネー（投機的資金）が流入／

流出してきたと考えられる。

投機的な資金の流入／流出を加速させた要因として、「蔵匯於民（民間による外貨保有）」という言葉で表現される、近年における国内の外貨保有主体の多様化が挙げられる。国際外貨管理局が２０１５年２月に公表したレポート「２０１４年中国クロスボーダー資金流動観測報告」によれば、中国政府は上海自由貿易試験区の創設（２０１３年９月）や、上海と香港の株式市場を相互乗り入れする「滬《こ》港通（「滬」は上海を意味する）」（２０１４年11月）などを通じ、国境をまたいだ人民元の取引および資本投資に関する規制緩和を進めてきた。この「滬港通」や２０１６年に始まった深圳と香港の株式市場の相互乗り入れである「深港通」を通じた取引には、事前審査が必要ない。このような制度が整備されることにより、多様な民間企業や個人が対外資本投資や外貨取引に参加するようになってきている。

投機的な資金の流れを加速させた第二の要因が、グローバル経済における資金の流れの変化である。特に米国の量的緩和政策が２０１４年10月に終了したことで、中国などの新興国から米国内への資金の還流が急速に進んだ。

三つ目の大きな変化は、いわゆる「一帯一路」戦略の推進に象徴される海外への積極的な資本投資と、それに伴う輸出の拡大を新たな成長エンジンにするという政府の発展戦略の転換である。

図１－５　国際収支の動向（四半期）

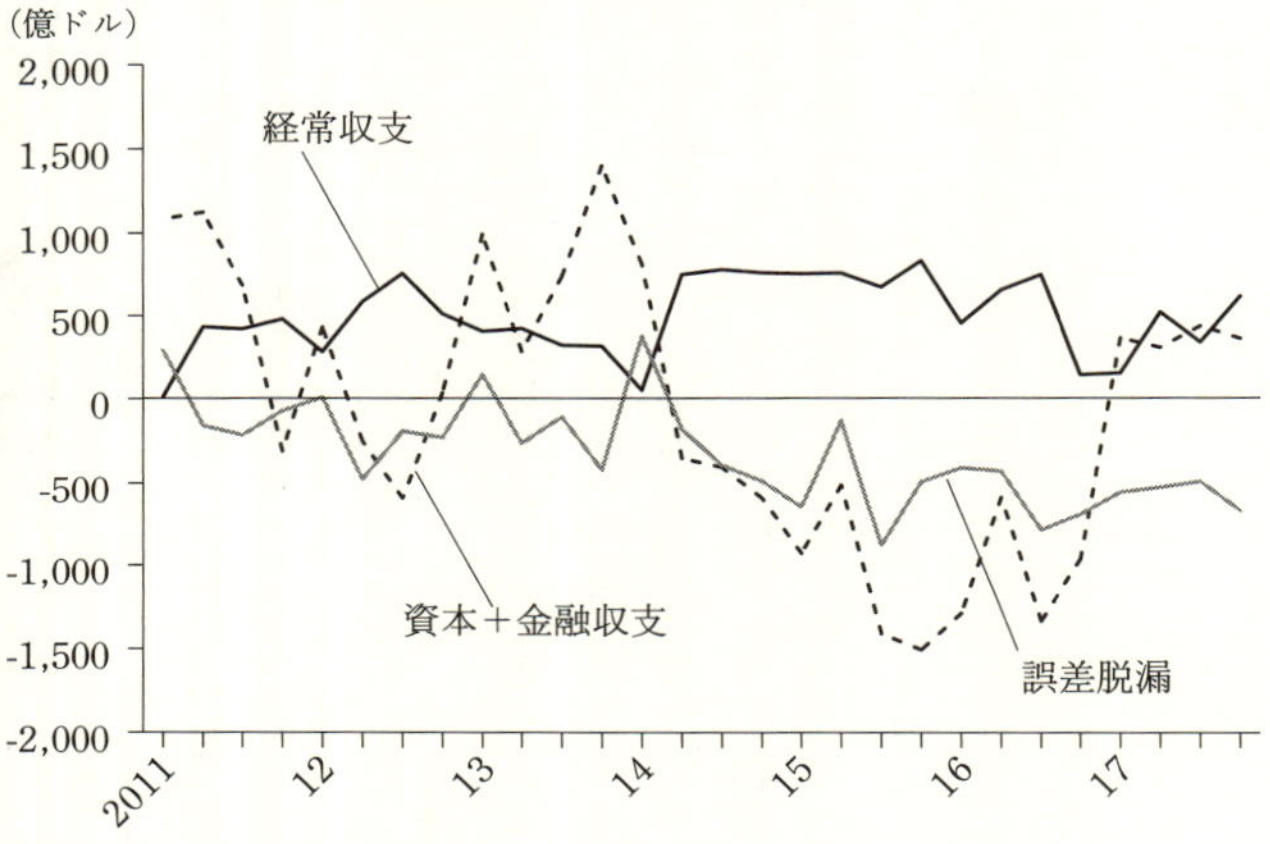

出所：国家外貨管理局ウェブサイト（http://www.safe.gov.cn/）

図1－5は中国の国際収支の動向を示した図である。このうち、「経常収支」は財・サービスの取引に伴う資金の流れ、「資本＋金融収支（外貨準備を除く）」はそれらの取引を伴わない資金の流れ（直接投資、証券投資、その他投資からなる）を表している。また、「誤差脱漏」は経常収支や金融収支の項目に計上されていない資金の流れを示したものである。

同図を見れば明らかなように、２０１４年から16年にかけて、外貨準備を除く「資本＋金融収支」が大きくマイナス、すなわち「資本流出（国際収支の資産項目の増加、負債項目の減少）超過」の方向に振れている。これは、前述の「一帯一路」に代表される積極的な対外投資政策に対応した動きだといってよいであろう。なお、２０１７年に入って急激に「資本＋金融収支」がプラスになっているのは、後述するように政府が人民元の下落を防ぐため、資本流出を制限するよう政策を転換したことが原因である。

つまり、外国為替に関する投機的な取引がより多様かつ大規模になったにもかかわらず、硬直的な為替制度の改革が遅れたため、金融政策の自由度が大きく失われるという「トリレンマ」の問題が改めてクローズアップされたと考えられる。

では、中国政策はそのような弊害があるにもかかわらず、なぜ為替政策を柔軟化できなかったのだろうか。その謎を解くカギは、中国政府が掲げてきたもう一つの政策目標、すなわち人民元の国際化にある。

2　人民元の国際化と「トリレンマ」

きっかけはリーマンショック

金融政策の自由度を犠牲にしても、中国政府が硬直的な為替制度の維持にこだわってきたのはなぜか。そこで重要な意味を持つのが、政府の目指してきた人民元の国際化である。一般的に、ある通貨が国際通貨として用いられるためには、経済・貿易の規模と同時に、①為替レートやインフレ率の安定性、②金融システムの成熟度、③国内における制度的枠組みの強固さ、政治の安定性、などの条件を満たすことが必要とされる。すなわち、ドルに対する大幅な減価を避け、その価値を安定させることが、人民元の国際化の必要条件なのである。

中国政府による人民元の国際化に向けた取り組みが本格化したきっかけは、リーマンショックとその後の世界金融危機である。２００９年４月に行われたＧ20の席上で温家宝《おんかほう》首相は、現行のドル基軸通貨体制が世界的な過剰流動性をもたらしているとして、ＩＭＦ改革の必要性を訴えた。また同時期、中国人民銀行の周小川《しゅうしょうせん》総裁（当時）は、新興国の多くがドルに対する自国通貨の変動を抑制し、通貨変動リスクに対応する必要から過剰な外貨準備を保有しようとしたことが、いわゆるグローバル・インバランス（世界的な規模での国際収支の不均衡）の拡大と過剰流動性の原因になったという見解を述べた。これらはいずれも、信用危機の原因としてドル基軸通貨体制が抱える問題（「原罪」）を強調し、問題解決のために国際協調を行うことを訴えるものである。

これらの発言を通じて中国政府は、ＩＭＦへの新興国の拠出金を増額すると同時に、ＳＤＲの貸出枠を増価し、将来的には、新興国の外貨準備をＳＤＲ建てに切り替えていくという構想を国際社会に示した。一連の提言に基づき、２００９年７月には、ＩＭＦ理事会がＳＤＲ建ての債券を発行することを決定し、９月のロンドンＧ20財務相・中央銀行総裁会議では中国、インド、ブラジル、ロシアのＢＲＩＣｓ四ヵ国が８００億ドル分の購入を表明した。しかしＩＭＦにおける新興国の出資比率の増加には米議会の反対が強く、ＩＭＦのガバナンスに関する改革も遅々として進まないままだった。また、２０１２年の欧州通貨危機の際には、欧州における金融安全網構築の観点からＩＭＦの資金基盤の増強が求められたが、米国が資金拠出を見送り、結局十分に増強できなかった。このような状況を踏まえ、中国政府は人民元の国際化を進めつつ、ＢＲＩＣＳ開銀やアジアインフラ投資銀行（ＡＩＩＢ）といった独自の国際機関の設立という手段を通じて、「ドルの足かせ（後述）」から逃れようという姿勢を明確にしていく（終章参照）。

ドルの足かせ

ＡＩＩＢ設立の動きについては終章に譲るとして、ここでは人民元の国際化に関わる動きを追っておこう。２００９年以降、中国人民銀行は人民元建ての国境をまたいだ決済やオフショア市場の開設など、「人民元の国際化」に向けた制度構築に積極的に取り組んでいった。国境をまたいだ貿易における人民元決済は、２０１４年には前年比41％増の６兆５３００億元となり、中国全体の輸出入の４分の１にまで拡大した。また、海外でも人民元決済業務が行えるように国内銀行（クリアリング銀行）の支店を開設し、国境をまたいだ人民元建ての決済の窓口にすることを目的とした海外オフショア人民元市場も、2009年の香港（中国銀行）を嚆矢《こうし》に、マカオ、台北、シンガポール、ソウル、シドニー、ロンドン、フランクフルトなどへと拡大していった。そして2014年末の中央経済工作会議の政府文書では、「人民元の国際化を穏当に推進する」ことが初めて公式に謳われた。

政府による人民元の国際化推進政策の結果、2015年11月のIMFの年次総会において、人民元をSDRの構成通貨に採用することが決定される（正式採用は翌年10月）。世界各国の準備通貨として、SDRはわずか1%を占めているにすぎない。それでも、準備通貨としての元資産の保有増加、国内金融改革の促進、国際金融秩序に対する中国政府の発言力強化など、人民元のSDR入りの効果は決して小さくないと思われる。それを裏付けるように、2015年12月16日の米議会は、それまで消極的だったIMFに対する中国など新興国の出資比率の引き上げに合意し、その結果、中国はIMFの出資比率で第3位の座についた。

これら一連の取り組みは、ドルを準備通貨として大量に保有せざるを得ないなかで、金融政策の自由度を事実上奪われるという、いわば「ドルの足かせ」につながれた状況にあることを認識し、ドルを唯一の基軸通貨とする国際通貨体制からの脱却を図ろうとする政策当局の姿勢が強く反映されているといえよう。確かに、将来「人民元経済圏」のようなものが一定の広がりを見せれば、中国政府が「ドルの足かせ」によって金融政策の自由度を縛られることもなくなるかもしれない。しかし、そのような事態が近い将来実現するとは思えない。ここに、政策上の矛盾が生じることになる。中国政府が人民元の国際化を進めようとする限り、元のドルに対する価値の変動を防がねばならず、そのために硬直的な為替制度が維持され、かえって「ドルの足かせ」を強めてしまう、という側面があるからである。

金融政策の独自性を失った中国

本章冒頭で述べた２０１５年６月から８月にかけてのマクロ経済の変調は、為替制度の硬直性によって金融政策の機動性が失われることから生じたものであった。その背景として、マンデルによって提起された「トリレンマ」の存在が指摘できよう。すでに述べたように、「独立した金融政策」「通貨価値の安定」「自由な対外資本取引」の三つの政策に関しては、すべてを同時に実現することは困難だという「トリレンマ」の関係が存在する。「人民元の国際化」を急ぐあまりに維持された硬直的な為替制度と、拡大する対外的な資金移動という状況の下で、中国は金融政策の独立性を事実上失っていたと考えられる。

中国経済が「トリレンマ」から機動的な金融政策をとれないでいるという理解は、各国の政策担当者の間でも共有されていた。例えば、２０１６年１月23日の世界経済フォーラム年次総会（ダボス会議）において黒田東彦日銀総裁は、国内における金融政策の自由度を高めるために中国政府は一時的な資本規制を行う必要がある、という趣旨の発言を行った。また、英『エコノミスト』誌も、「中国、人民元巡る習氏のジレンマ」(日本語訳が2016年1月19日付日本経済新聞に掲載)という記事で、資本の流出が国内経済にデフレ圧力をかけている現状を改善するために、中国は一時的に資本規制を強化し、人民元の価値を人為的に演出することをやめるのがよい、という政策提言を行っている。

柔軟な為替政策への転換

「トリレンマ」への対処方法として、政策当局は主要通貨によって形成される通貨バスケットに人民元をペッグすることで、緩やかに元の変動幅を広げていくことを選択した。この政策への信頼性を高めるため、中国人民銀行は2015年12月に通貨バスケットの各構成通貨の比率を公表するとともに、中国外貨取引センター(CFETS)を通じて人民元のバスケットに対する変動比率を1週間ごとに公表することに踏み切った。さらに2016年12月に、CFETSは通貨バスケットの構成を調整し、従来の通貨に南アフリカ共和国のランド、韓国のウォンなど11ヵ国の通貨を追加し、計24ヵ国・地域へと拡大することを発表、2017年1月1日より運用を開始した。

表1-1の通り、CFETSが公表した通貨バスケットでは、ドルの構成比率が22・4%

表１－１　CFETSによる通貨バスケットの構成

	通貨名	従来の構成比率	新規の構成比率
従来の通貨	米ドル	26.40%	22.40%
	ユーロ	21.39%	16.34%
	日本円	14.68%	11.53%
	香港ドル	6.55%	4.28%
	豪ドル	6.27%	4.40%
	マレーシアリンギ	4.67%	3.75%
	ロシアルーブル	4.40%	2.63%
	英ポンド	3.86%	3.16%
	シンガポールドル	3.82%	3.21%
	タイバーツ	3.33%	2.91%
	カナダドル	2.53%	2.15%
	スイスフラン	1.51%	1.71%
	ニュージーランドドル	0.65%	0.44%

	通貨名	新規の構成比率
追加された通貨	韓国ウォン	10.77%
	サウジアラビアリヤル	1.99%
	アラブ首長国連邦ディルハム	1.87%
	南アフリカランド	1.78%
	メキシコペソ	1.69%
	トルコリラ	0.83%
	ポーランドズウォーティー	0.66%
	スウェーデンクローナ	0.52%
	デンマーククローネ	0.40%
	ハンガリーフォリント	0.31%
	ノルウェークローネ	0.27%

出所：JETRO『ビジネス短信』2017年１月13日（https://www.jetro.go.jp/biznews/2017/01/daeb3182aeee6e73.html）

とかなり低いことが注目される。この政策が市場から信認されるならば、政策当局の意図通り為替の変動をより柔軟にし、金融政策の自由度を高めることができるだろう。筆者は、人民元の変動を他の主要な通貨の変動で回帰する計量モデルを用いて、人民銀行の為替政策に関するスタンスの推移を実証分析した。その結果、２０１５年８月までは元はドルの変動に対して90％以上連動していたものの、２０１５年８月以降は、対ドルへの連動の度合いは72・6％と、それまでに比べて明らかに低下していることがわかった（表１－２）。

柔軟な為替政策への転換によって、

表1－2　中国の為替政策レジームの変化

推計期間	米ドル	ユーロ	円	豪ドル	ポンド	R_2
ドルペッグ期	1.003***	0.000	-0.000	-0.000	-0.000	0.977
(2002年1月-2005年6月)	[0.000]	[0.984]	[0.279]	[0.655]	[0.862]	
プレ・リーマンショック	0.934***	-0.002	0.030***	0.016**	0.008	0.953
(2005年7月-2008年7月)	[0.000]	[0.898]	[0.000]	[0.025]	[0.465]	
世界同時金融危機	0.971***	0.024***	-0.002	0.009**	0.000	0.999
(2008年8月-2010年5月)	[0.000]	[0.000]	[0.581]	[0.023]	[0.917]	
ポスト世界金融危機	0.907***	0.036***	0.010*	0.006	0.003	0.956
(2010年6月-2015年7月)	[0.000]	[0.000]	[0.062]	[0.354]	[0.698]	
バスケットペッグへの移行	0.726***	-0.052	0.071*	0.038	-0.055	0.646
(2015年8月-2016年5月)	[0.000]	[0.319]	[0.083]	[0.367]	[0.301]	

注：[　] 内の数値はp値。***は係数の推計値が1％水準で、**は5％水準で、*は10％水準で、それぞれ統計的に有意であることを示す
出所：梶谷 懐（2016）「中国の金融政策と人民元国際化」『国民経済雑誌』第214巻第4号

長らく低下傾向が続いていた生産者物価指数（ＰＰＩ）は２０１６年９月から前年同月比でプラスに転じ、同12月にはプラス５・５％、２０１７年２月にはプラス７・８％と上昇ペースが加速した（図1-3参照）。当局による緩やかな元安への誘導と、それに合わせた財政・金融面での緩和策が功を奏し、景気回復への道をたどった。このことはとりもなおさず、中国経済が抱えているとされた過剰債務問題などの「金融リスク」は、当局によって適切な金融政策が行われるならば、それほど憂慮するものではない、ということである。ただ、そこで中国政府は新たな「リスク」に直面することになる。２０１６年11月の米大統領選挙におけるドナルド・トランプ氏の勝利である。

3　トランプ・ショック

トランプ就任と金融政策の転換

２０１６年11月、米大統領選でトランプ氏が勝利し、「アメリカ第一」の姿勢を打ち出すと、米国の積極的な財政政策への期待と米連邦準備理事会（ＦＲＢ）の利上げ観測の高まりで、主要国の通貨は米ドルに対して軒並み下落した。同年12月にＦＲＢが連邦公開市場委員会（ＦＯＭＣ）において利上げを決定したことも、市場のドル高期待を後押しした。その結果、２０１７年１月末の中国の外貨準備高は２兆９９８２億ドルと、５年11ヵ月ぶりに３兆ドルを割ったことが報じられた。

政府当局も、対外資本流出の動きを十分に認識し、さまざまな対策を講じた。まず、資本流出の原因について分析結果を公表し、国内経済の落ち込みなどが原因で資本逃避（キャピタル・フライト）が生じているわけではないことを内外にアピールしようとした。例えば、国家外貨管理局は２０１６年12月７日に文書を発表し、「資本流出」の要因として、①市場の外貨需給のバランスを調節するため、人民銀行が外貨資金を提供したこと、②アメリカの大統領選挙以降、米ドルに対し他の通貨が相対的に減価したこと、③米国債など債券価格の調整が生じたこと、という3点を指摘している。

次に中国人民銀行は、米国の金利上昇を予想してドルが買われ、人民元相場が急落することを防ぐため、現地法人が5万ドルを超える利潤を海外送金する際の銀行による審査を厳格化するなど、資本の対外流出を厳しく制限すると同時に、元買いドル売りの市場介入の姿勢を強めた。

これは短期金融市場における資金供給を絞り、金融政策を引き締めることを意味する。2017年3月の全国人民代表大会（全人代）で、中国人民銀行の周小川行長は、注目が集まる金融政策のスタンスについて「穏健中立」という表現を用い、従来の「穏健」よりやや引き締め気味で推移させるという姿勢を明らかにした。それまでの拡張的な金融・財政政策によって不動産投資の伸び率が上向き始め、むしろ「加熱」「バブル」が再度懸念されるような状況になったからである（第2章参照）。

金融政策のスタンスの変化の結果、銀行間金利ならびに債券利回りは急上昇し、債券市場を中心に動揺が広がった。2016年には、景気を刺激するための金融緩和政策によって短期市場金利が低下していたこともあって、政府債、社債を問わず債券市場は活況を呈し、国債などの利回りは低下を続けていた。それが、急激な元安を防ぐ市場介入により、人民銀行は短期金融市場への人民元の供給を絞り、結果として金利が大きく上昇したのである。このことは、それまで「バブル」が懸念されていた債券市場に冷や水を浴びせる結果となり、価格の暴落と利回りの急上昇をもたらすことになった。

債券市場におけるリスク上昇

人民元相場下落のリスクや、国内の不動産バブルの懸念に対応するため、政策当局が短期金融市場を引き締めたことは、債券市場のリスクを大きく高めた。このことを反映して、2017年年初から6月末までの社債発行額は約9800億元と、前年の半分程度に落ち込んだ。

市場の不安定な状況を背景に生じたのが、2016年12月中旬に明るみになった中堅の証券会社、国海証券による債券の偽造取引をめぐるスキャンダルである。これは、国海証券の社員が会社に無断で契約書を偽造し、総額165億元ほどの債券を30件を超す顧客に売却し、後で決まった価格で買い戻すという、「代理保持」契約を行っていたというものだ。債券価格が右肩上がりを続けていた状況の下では、この取引は双方に利益をもたらすはずであった。しかし、短期金利の上昇によって債券価格が暴落し、取引を行った社員が失踪したことで、不正の事態が明るみになった。中国メディアの報道によると、国海証券は会社の意思による取引ではないことを理由に買い戻しを拒否、同社から債券を購入した金融機関に多くの損失が生じたという。

国海証券のケースは、右肩上がりを続けていた債券市場に機関投資家などがレバレッジを利かせて資金をつぎ込む、リスクの高い投資を行っている状況を明らかにした。またそこには、中堅銀行が理財商品（銀行で販売される小口で短期の投資信託）を通じて集めた資金がかなりの程度流れていたことも指摘されている。

「不確実性」の高まりと金融政策のゆくえ

トランプ政権の誕生による中国経済の「不確実性」の高まりは、中央銀行である中国人民銀行による金融政策の透明度にも影響を与えている。すでに述べたように、人民銀行は2015年8月以来、前日の市場価格を参照して元ードルレートの基準値を決めていた。それが2017年6月初旬より、大きな変動を抑えるための「反循環要因」を加味した新たな方法で、基準値を算出していることが、その後の報道で明らかになった。「反循環要因」とは、前日の為替の変動のうち、実需の変動による値動きを推計し、その値動きに「マイナス3分の2」を掛けて算出される。前日に元安が進めば元高方向に、元高が進めば元安方向に、それぞれ基準値を押し戻し、変動幅を抑える働きを持つとされる。

その後2018年1月には、元安傾向に一定の歯止めがかかったことで、基準値は再び市場価格を参照して決定されるようになったと伝えられた。しかし、為替レートの決定方法がこのように「迷走」することは、中国政府にとって完全な変動相場制への移行はリスクが大きすぎることを示している。このことを考えれば、中国経済はいまだ為替の動向が国内における金融政策の制約条件として働くという、「ドルの足かせ」にはめられた状況にある、と判断せざるを得ない。

高まる金融リスクへの中国当局の対応策として注目されるのが、行政機関による金融・資本市場への監督体制の改革である。もともと中国の金融・資本市場への行政監督は、中央銀行である人民銀行と、銀行、証券、保険の三業種における監督管理委員会の「一行三会」の分業体制で行われていた。しかし、こういった縦割り型の体制では、業種をまたがった新たな金融サービスの登場や、銀行への厳しい規制の網をかいくぐった「影の銀行」の拡大、そしてP2P融資（銀行を介さない、企業あるいは個人間のインターネットを通じた資金融通の仕組み）に代表されるフィンテック（情報通信技術を駆使した革新的な金融商品・サービス）の普及、といった新たな事態に十分対応できないことが指摘されていた。

金融監督体制の不備により、新たな市場のリスクに対応できなかった例として、2016年から17年にかけて話題になった、新興の投資会社「宝能投資集団」による敵対買収の事例が挙げられる。これは、宝能が大手不動産会社の万科企業に対して敵対的買収を仕掛け、その経営を1年以上にわたって揺るがしたというものである。宝能は傘下の保険会社を通じ、高い投資リターンを謳《うた》った生保商品を販売し、調達した資金を万科の株式の買収資金につぎ込んでいた。最終的に当局が、宝能に対し保険事業を10年間禁じるという厳しい処分を決めて事態は終息したが、当局の対応が遅れた背景に、保険と証券に分かれた縦割り型の監督体制の弊害があることが明らかになった。

２０１７年2月に「一行三会」の金融監督機関が合同でまとめたとされる文書「金融機関の資産管理業務規範に関する指導意見」では、銀行・証券・保険といった業種を横断した金融商品のリスク管理など、これまでの縦割り型の体制を統合する新たな金融・資本市場の監督体制を目指す方針が明確に示された。これを受けて、同年7月の全国金融工作会議では、中国人民銀行および銀行、証券、保険の各規制当局を監督する権限を持つ「金融安定発展委員会」の設立が決まった。さらに、２０１８年3月の全国人民代表大会では、銀行業監督管理委員会と保険監督管理委員会が統合した「銀行保険監督管理委員会」が発足した。

これと並行して、金融・資本市場の対外開放も進んでいる。２０１８年4月の博鰲（ボアオ）・アジアフォーラムで、中国人民銀行の易鋼総裁は中国国内の証券・生命保険会社などに対し、51％まで外資の出資を認め、3年後には規制を撤廃するという方針を明らかにした。このことも、業種を横断した金融監督機関の重要性と権限を強めることにつながるだろう。

金融監督体制の改革が市場の安定化につながることを、内外にアピールできるかどうか。改めて政策当局の「市場との対話能力」が問われている。

前述のように、中国経済が抱えているとされた過剰債務問題などの「金融リスク」は、現状では当局によって適切な金融政策が行われるならば、それほど憂慮するものではなく、過度に不安を煽ることは慎みたい。その一方で、いまだ「ドルの足かせ」から逃れきれていない中国経済にとって、貿易問題で強硬な姿勢を取り続ける（終章参照）、米トランプ政権の為替政策が、国内の金融政策にとっても攪乱《かくらん》要因であり続けることは間違いない。実際、米国との貿易戦争が勃発して以来、中国では株安と人民元安が同時進行しており、政府がそれまで進めてきた過剰債務の縮小（デレバレッジ）にも悪影響を与えることが懸念されている。

対外的なリスク要因に対峙《たいじ》しつつ、国内の短期的な金融リスクへの対応と、供給面での中長期的な改革に同時に取り組まなければならない習近平政権は、しばらくは政策運営上非常に難しい舵取りを強いられる、といえそうだ。

参考文献

（日本語）
英『エコノミスト』編集部（2016）『通貨の未来　円・ドル・元』池村千秋訳、文藝春秋
梶谷懐（2016）「中国の金融政策と人民元国際化」『国民経済雑誌』第214巻第4号
梶谷懐（2017）「中国の金融リスクと人民元の国際化」『東亜』第599号
清水聡（2015）「進展する人民元の国際化と今後の展望—資本取引の自由化との関係」『環太平洋ビジネス情報RIM』Vol.15, No.57
関辰一（2018）『中国　経済成長の罠—金融危機とバランスシート不況』日本経済新聞出版社
中国人民大学国際通貨研究所（2013）『人民元—国際化への挑戦』科学出版社東京
露口洋介（2009）「近年の中国におけるホットマネーの動き」『日銀レビュー』2009-J-8
露口洋介（2016）「中国の債務問題」Science Portal China, 2016年11月30日（https://www.spc.jst.go.jp/experiences/tsuyuguchi/tsuyuguchi_1611.html）
露口洋介（2016）「外貨準備の減少要因」Science Portal China, 2016年12月26日（http://www.spc.jst.go.jp/experiences/tsuyuguchi/tsuyuguchi_1612.html）
トランザクションバンキング部中国調査室（2015）「人民元国際化の進捗状況について」『BTMU（China）経済週報』第241期、2015年2月28日
（中国語）
国家外匯管理局国際収支分析小組（2015）「2014年中国跨境資金流動監測報告」2015年2月15

日

（英語）

International Monetary Fund（2015）, "Review of the Method of the Valuation of the SDR-Initial Considerations," *IMF Policy Papers*, 2015 July.

McKinnon, Ronald I（2005）, *Exchange Rates under the East Asian Dollar Standard: Living with Conflicted Virtue*, MIT Press.

第2章　不動産バブルを止められるのか

1　資本過剰経済に陥った理由

序章で見たように、中国経済の現状あるいは今後の予測に関する判断は、専門家の間でも必ずしも一致していない。もちろん、景気判断や経済政策の是非について、専門家同士で意見が食い違うことは珍しくはない。ただ中国の場合の特徴は、その時々の景気判断だけではなく、経済制度全体をどう評価するか、というより難しい問題を避けて通れないところにある。それは、中国の経済制度が日本のそれとは異なる独自性を持っているため、そこに生じているリスクがどの程度のものなのか、客観的な評価自体が困難だからである。とはいえ、今世紀に入って中国経済がその成長を国内投資に依存する「投資依存経済」ともいうべき状況にあり、持続的な成長のためにはそこからの脱却が必要だという点に関しては、識者の意見はほぼ一致している。

「投資依存経済」の問題が顕在化した現象として、いわゆる不動産バブルの問題を挙げることができよう。また、近年注目を集めている積極的な対外インフラ輸出戦略、いわゆる「一帯一路」構想も、過剰な資本を海外に輸出してマクロ的なバランスを図るという意味合いを持つ。本節では、「資本の過剰蓄積」ともいうべきマクロ経済の構造上の問題が存在することを指摘した上で、それが中国の不動産市場におけるバブルや、地方政府の財政規律、さらには対外経済関係などの諸問題とも関わっていることを見ていきたい。

資本が過剰に蓄積されるとは

改革開放路線によって市場化を進めてきた中国経済は、1990年代半ばごろから大きな転換点を迎えることになる。一つには、財政・金融システムについて、以前は地方政府に大きな運営上の裁量権を付与していた。しかし1994年の分税制導入に代表されるように、中央政府のコントロールをより強化し、一定のルールによって制御する方向の改革が行われた。

もう一つの大きな変化は、それまで発展途上国として基本的に資本不足の状態にあったと

図2－1　実質GDP成長率と投資の寄与率

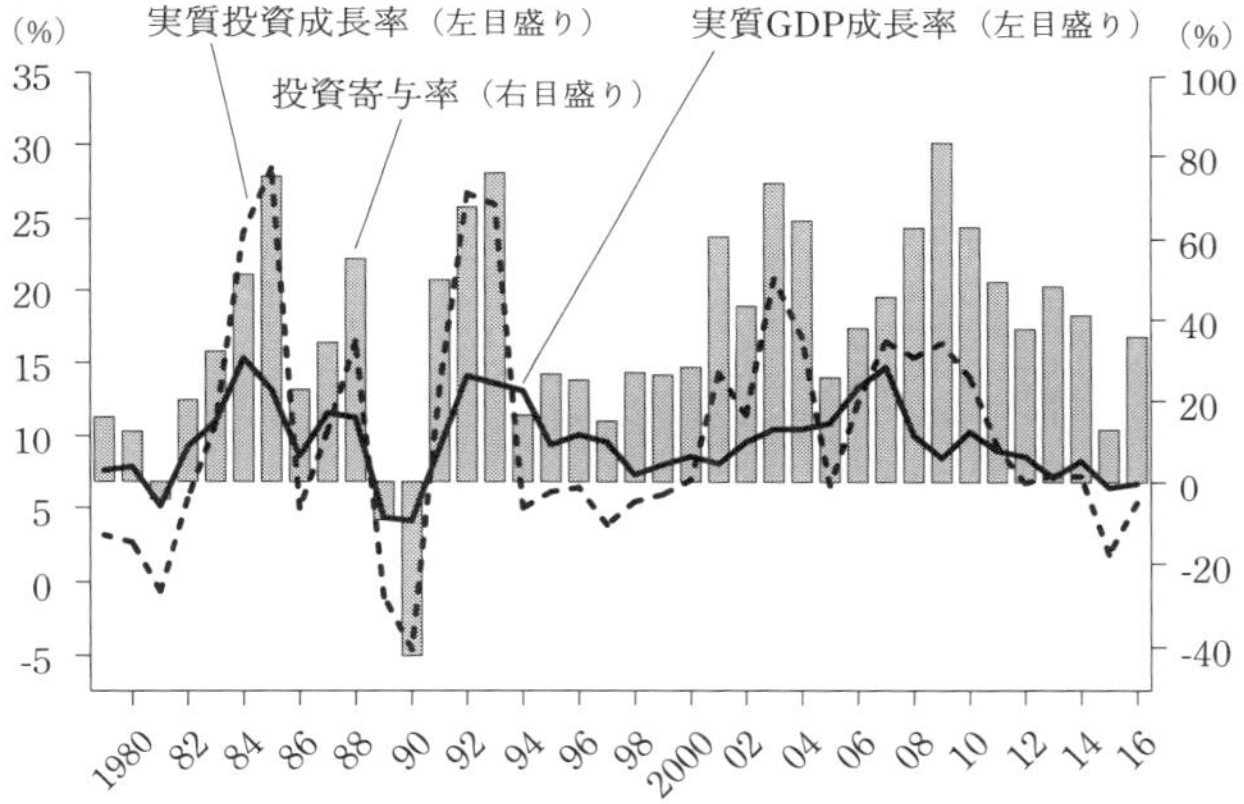

注：各年の実質投資額は、1995年価格で求めた各年の実質GDPの値に、同年の資本形成総額が名目GDPに占めるシェアを乗じて求めた
出所：国家統計局編『中国統計年鑑』（各年版）

考えられる中国経済が、持続的な高度経済成長と旺盛な国内投資を背景として、次第に「資本過剰」の様相を呈してきたことである。そのことは、今世紀に入って、GDPの構成部分のうち、投資の伸び率が突出して高くなっていったことに端的に表れている。**図2-1**では、実質GDP成長率を消費、投資、純輸出という三つの要素に分解して求めた、投資の寄与率を示している。この図を見れば、1990年代には投資の伸びは全般的に抑えられていたのに対して、今世紀に入って投資の伸び率はほぼ一貫してGDPの伸びを上回り、またその寄与率は平均して50%を超え、高いときには80%を超えていることがわかる。

中国の具体的な状況に関する議論に入る前に、資本が過剰に蓄積される経済とはどのような状態を意味するのか、マクロ経済学の基本的な考え方に基づいて簡単に整理しておこう。ここでいう「資本の過剰蓄積」とは、端的にいうと、設備投資の収益性が低下し、現在の投資を減らして消費を増やしたほうが経済的厚生（社会を構成する各個人の満足度の総和）は増加するにもかかわらず、消費が抑制され、さらなる資本投資が持続的に行われるような状況のことである。

ここで重要なのは、「消費の時間選好率」と「投資の収益性」との関係である。「消費の時間選好率」とは、将来の消費よりも現在の消費を好む割合であり、現在の消費1単位と、それと等価になるような将来の消費との比率によって定義される概念である。一般に消費を将来まで待つことには何らかの代償が必要とされるため、将来の消費を現在の消費に換算する際には、将来の消費を割り引く必要がある。このときに用いられる割引率が「消費の時間選好率」である。例えば、時間選好率が年率5％だとすると、現在の消費1万円分に相当するのは1年先の1万500０円分の消費、ということになる。

設備投資の収益率（市場が完全であれば実質金利と等しくなる）が消費の時間選好率を下回るような状況では、設備投資を減らして消費を増やしたほうが経済厚生は増加する。例えば、時間選好率が年率5％のときに設備投資の収益率（実質金利）が2％だとすると、将来の収

時間選好率と投資の生産性の関係

ケース1：時間選好率＞設備投資の収益率
→投資を減らして現在の消費を増やしたほうが経済厚生は増加する。
ケース2：時間選好率＜設備投資の収益率
→現在の消費を犠牲にして投資に回したほうが経済厚生は拡大する。
ケース3：時間選好率＝設備投資の収益率＋キャピタル・ゲイン
→キャピタル・ゲインへの期待から資産バブルが生じやすい。

入のために貯蓄や投資を増やすよりも、現在の消費を増やしたほうがより大きな経済的厚生が得られるということになる（ケース1）。逆に、投資の収益率が時間選好率を上回る状況では、現在の消費を控えて、将来の収入増につながる貯蓄や投資を増やしたほうがよい（ケース2）。

経済が「資本の過剰蓄積」の状態にあるとは、資本ストックの蓄積が十分に進んで、すでに投資の収益率が時間選好率を下回っているにもかかわらず、投資の勢いが止まらず、さらに資本蓄積が進んでいくような状況を指す。このような状況下では、資産価格上昇による「キャピタル・ゲイン」への期待によって、投資の実質的な収益性の低下が埋め合わされることになる（ケース3）。すなわち、資本の過剰蓄積は資産バブルの発生と非常に親和的なのである。

胡錦濤政権が陥った「罠」

中国経済が、「資本過剰経済」へと転換するきっかけは、江沢民《こうたくみん》政権期（1989〜2002）に実施された一連の経済政策に求められよう。すなわち、海外資本の積極的な誘致、国有地使用権の払い下げを通じた都市開発の推進、そして、それまで国有企業などが提供していた住宅の民間を通じた供給への転換、さらに内陸地域における財政補助金を用いたインフラ建設の本格化などである。

しかし、その動きが本格化するのは、続く胡錦濤《こきんとう》政権期（2002〜12）のことであった。①国有企業改革、企業間競争の激化などに伴う労働分配率の低下、②金融機関からの借り入れが困難な非国有企業による内部留保（企業貯蓄）の拡大、③社会保障整備の遅れによる家計部門の高い貯蓄率など、「過剰資本蓄積」の背景ともいうべき現象は、胡錦濤政権の時代に深刻化したと考えられるからである。特に2008年に世界金融危機を受けて大規模な景気刺激策が実施されて以降は、固定資産投資の効率性が顕著に低下しており、景気対策の名目でかなり非効率な投資プロジェクトまでもが実施されたことが示されている。

米国における中国経済研究の第一人者であるカリフォルニア大学サンディエゴ校のバリー・ノートンは、「和諧社会」の実現を掲げた胡錦濤政権期における経済政策の重要なポイントを以下のようにまとめている。
①農村における医療・年金改革など社会保障制度改革の実施、「経済性住宅」の供給。
②農村・農業、内陸部への補助金支出の拡大。
③国有企業改革の停滞と独占化の進行、エネルギー・資源・通信など特定産業への集中。

④戦略的産業や「メガプロジェクト」への支援、および基礎的な技術開発の推進など、より積極的な産業・技術政策の実施。

これらの「和諧社会」を目指す一連の政策は、①の社会保障制度改革を除けば、「資本過剰経済」からの脱却をもたらすものではなかった。市場に対する国家の介入を通じて問題を先送りするものであり、むしろ経済全体の資本蓄積を進めるという側面を持っていた。そのため、矛盾が解決されず国家介入の度合いが徐々に強まる、という一種の「罠《わな》」に陥ってしまったのが胡錦濤政権期の経済運営であった。

習近平政権に入り、経済が「新常態」と呼ばれる安定成長期に入ったことが宣言されるなど、過度な投資依存経済への見直しが見られるようになった。しかし、2015年から16年にかけての株式市場の急落や生産者物価指数（PPI）のデフレ傾向など、マクロ経済の先行きが懸念されると、需要を下支えするために積極的な公共事業を行い、石炭、鉄鋼、セメントなどの産業を中心とした「オールド・エコノミー」の活性化を図らざるを得ないという状況も明らかになった。

いずれにせよ、21世紀に入ってからの中国経済は、景気対策と格差縮小を目指して、内陸部を中心として旺盛な資本投資を進めてきた。このことが、資本の非効率な配分によって設備投資の収益率をさらに低下させ、資本の過剰蓄積をいっそう深刻化させた、という面は否定できないだろう。

「資本過剰経済」の二段階

今世紀以降、中国経済がその成長を固定資産投資に依存する「資本過剰経済」ともいうべき状況を呈してきたことを見てきた。ただし、同じように資本が過剰な状態にあるといっても、リーマンショックの前後で、そのメカニズムは大きく異なっている。ここでは仮に、リーマンショック前を「資本過剰経済」の第一段階、ショック後を第二段階としておこう。

リーマンショック以前の第一段階では、労働者への賃金支払いを圧縮して旺盛な設備投資を行うという企業の行動が、過剰な資本蓄積の主な要因だったと考えられる。

すなわち、中国では戸籍制度による自由な労働力移動の制限を背景に、特に農村から都市に出稼ぎに来ている非熟練労働者（農民工）が、生存水準ぎりぎりの賃金で就労するという状況が持続していた（第4章参照）。安価な労働力の利用により、都市の工業部門では資本蓄積や技術進歩が生じ生産性が向上するものの、国有部門などの正規労働者と農民工との賃金ギャップはますます拡大した。

同時に、マクロの労働分配率が低下すると、社会保障制度の不備を背景に、老後の不安に備えようとして家計の貯蓄率が上昇する。膨れあがった家計の貯蓄は、資本市場への政府の介入により、一部の国有部門における固定資産投資へと「動員」される。このようなメカニズムによって、近年の中国では部門間の格差拡大と過剰な投資が並行して進んだのだと考えられる。

ただし、このようなロジックは、農民工による労働争議の活発化などの影響で最低賃金が上昇し、労働分配率が改善したリーマンショック後の状況下では、厳密には成り立たない。一般に、資本分配率（資本収益／GDP）は資本係数（資本ストック／GDP）と資本収益率（資本収益／資本ストック）の積として得られる。したがって、資本係数が大きく変化しないという前提の下では、労働分配率の上昇すなわち資本分配率の低下は、資本収益率の低下をもたらす。これは、通常であれば投資を減少させるはずだからである。にもかかわらず、実際には2009年以降、GDPに占める固定資本投資の比率はむしろ大幅に伸び、約50％を記録している。

このような、一見矛盾する現象が生じていた「投資過剰経済」の第二段階の主役は、リーマンショック後の大規模な景気刺激策、ならびにそれを受けて活性化した地方政府の投資行動である。景気を刺激するための投資事業はその大半が地方政府に丸投げされたが、地方債の発行や、銀行からの政府の借り入れが厳しく制限されていた。このため「融資プラットフォーム」と呼ばれるダミー会社（後述）を通じて資金を調達し、地方都市のインフラやマンション建設などへの投資を大々的に行ったのである。同時に中国人民銀行は大胆な金融緩和によって地方政府の資金調達をサポートし、それによって生じる土地や不動産価格の上昇期待がさらなる投資の呼び水となった。収益性が低下しているにもかかわらず、民間資本も含めた高投資が持続したのは、それがキャピタル・ゲインへの期待に支えられていた、すなわち資産バブルの発生と切り離せないものであったということを物語っている。次節では、過剰な投資に依存する経済がもたらした不動産バブルについて、詳しく見ていくことにしよう。

2　不動産市場のバブル体質

不動産市場の動向

第1章で述べたように、2016年も後半になると、当局による緩やかな元安への誘導と、それに合わせた財政・金融面での緩和策が功を奏し、景気回復の流れが続いてきた。長らく低迷が続いていた不動産市場にも明確な上昇の機運が生じた。図2-2は全国70都市に関して、新築不動産販売価格の対前月比が増加している都市と減少している都市の数の推移を示したものである。2015年末には減少と増加がほぼ拮抗《きっこう》していたが、2016年3月には上昇が62都市と、減少の8都市を大きく上回り、その後もほぼ同じ趨勢《すうせい》が続いていることが

図2－2　新築不動産販売価格変動の状況（全国70都市、対前月比）

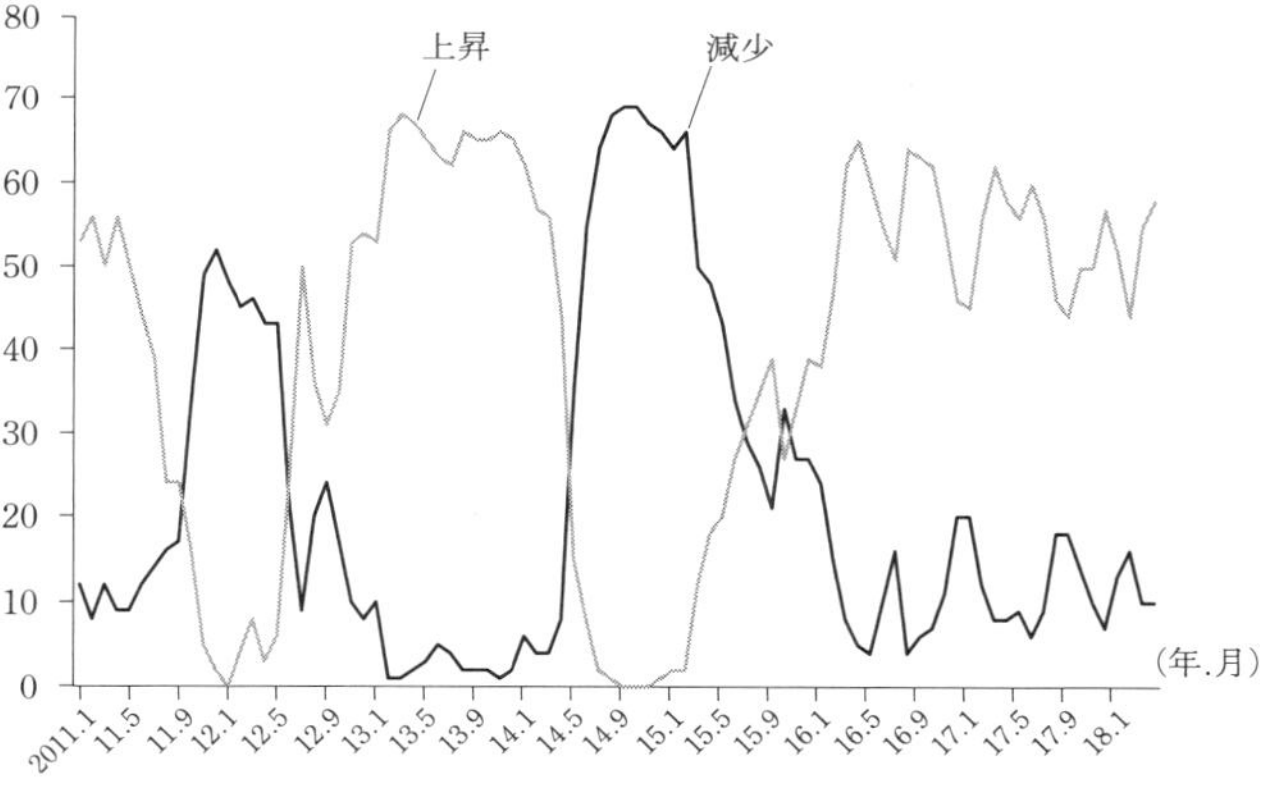

出所：CEIC Data

わかる。

不動産価格上昇への警戒と、２０１６年11月に米大統領選でトランプ氏が勝利したことにより、米国内の金利上昇と米ドル増価への期待が高まったことに伴う資金の海外流出懸念への対応から、政府は資金の対外移動を規制するとともに、国内金融政策を引き締め気味に転じた。２０１７年3月の全国人民代表大会（全人代）で、中国人民銀行の周小川行長は、金融政策のスタンスについて「穏健中立」という表現を用い、従来の「穏健」よりやや引き締め気味で推移させることを明らかにした（第1章参照）。金融政策のスタンスの変化の結果、２０１７年に入って銀行間金利ならびに債券利回りは急上昇し、一時はバブルの再燃が懸念された不動産価格の上昇も一段落している。

中国のマクロ経済の不安定な状況に対応して、不動産市場の動きも政策の影響を強く受けやすい不安定な状況が続いている。いずれにせよ、近年の不動産市場が政府の引き締めがなければ絶えず過熱気味になり、ときにバブルに近い上昇傾向を持っていたことは間違いない。

筆者は、中国不動産市場の「バブル性質」を、中国が伝統的に抱える中央─地方間の財政構造に見られるような、マクロ経済の構造上の問題として理解するという立場をとる。まず、近年の不動産価格の高騰の背景にある、住宅・商業用地の使用権の供給が地方政府によって独占されているという供給面の問題について見ていこう。

土地使用権取引市場の構造

中国の不動産市場は、土地・住宅とも何度か大きな価格上昇を経験している。これについては、過剰な資金供給に起因する「バブル」であるという見方と、価格の高騰は土地の供給が制限されていることによる制度的なものであり、今後の都市化の進展に伴うマンション需要の高まりを考慮すれば「バブル」とはいえない、という大きく分けて二つの見方が存在してきた。以下では、中国の不動産市場のよりミクロな制度的側面に注目しつつ検討したい。

図2-3は、全国主要105都市における、地方政府による土地使用権の用途別払い下げ

図2－3　用途別土地払い下げ価格の変動（四半期）

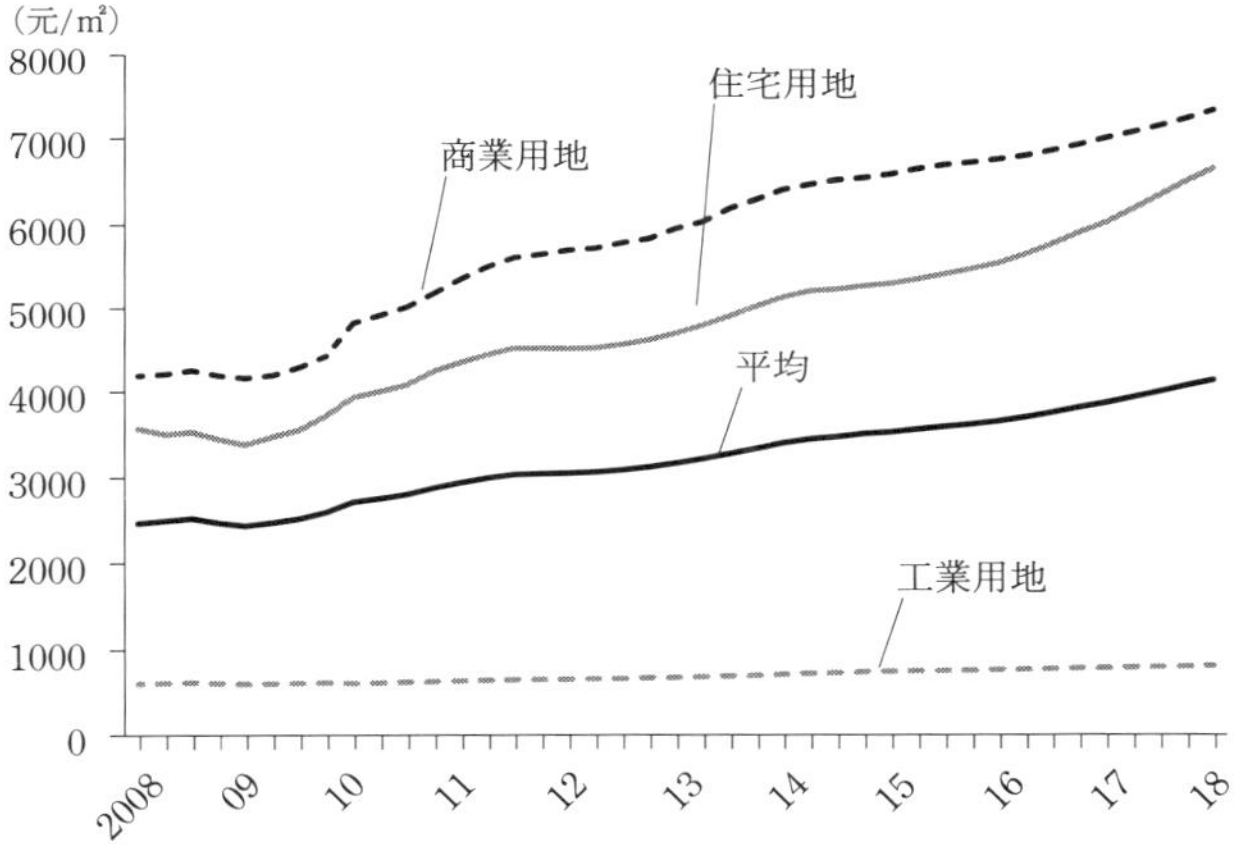

注：数値は全国主要105都市における土地使用権払い下げ価格の平均値である。
出所：CEIC Data

平均単価の推移を示したものである。いずれの都市においても、住宅用地および商業用地の払い下げ単価は、工業用地のそれを大幅に上回っていることがわかる。

中国の不動産市場の最大の特徴は、土地が公有であり、取引が許されるのはその使用権のみであるのに対し、その上に建設される住宅などの不動産には個人・法人の所有権が認められている点にある。また都市と農村とでは、個人所有が認められた土地の「使用権」の包括性や市場における流通性に関して、大きな格差が存在する（表2－1）。このことが、中国の不動産市場を、性格の異なるいくつかの層からなる複雑な構造にしている。

まず地方政府が、農地や都市の旧市街

などの土地を収用し、その「使用権」を開発業者などに対して有償で譲渡する市場が存在する。これが不動産の一次市場である。次に、開発業者などが地方政府より使用権を取得した土地を開発し、マンションなど不動産を建設して、土地の使用権と不動産の所有権をセットにして個人や企業に売り出すのが二次市場である。さらに、二次市場で売買された物件の中古市場や賃貸契約は、三次市場における取引として理解できる。

このうち、二次・三次市場については、経済主体間でかなり自由で競争的な取引が行われていると考えられる。ただし、例えば二次市場における不動産価格は、一次市場において地方政府により独占

表2－1　中国の土地制度

	所有権	使用権の範囲	使用権の市場流通
都市	国有	包括的	ほぼ自由な取引
農村	集団所有	限定的（「請負権」）	強い制約（非農業転用）

出所：筆者作成

的に供給される土地の希少性によっても大きく左右される。

一次市場における土地使用権の有償払い下げには、大きく分けて協議方式、競売・入札の二つの方法が存在する。このうち協議方式は、主に工場や公共施設などの建設用地を、特定の開発業者や企業に対して価格を協議した上で払い下げるものである。地元により多くの工場を誘致できれば長期間にわたる税収の増加が見込めるため、地方政府は競って経済開発区を設け、企業への払い下げ価格を切り下げており、ときには土地の取得コストぎりぎりの水

準になる場合もあると指摘されている。ただし、有償譲渡全体に占める協議方式の比率は、現在ではかなり減少している。１９９０年代末以降、競争・入札を推進する政府の方針もあり、住宅用地などでは競売・入札方式が大部分を占めるようになっているからである。

土地の用途による「価格差別化」

このように、有償譲渡については土地の使用目的によって明確に異なった譲渡方式が採用されており、価格に大きな差がある。この現象は、独占企業による典型的な「価格差別化戦略」として理解することが可能である。

価格差別化戦略とは、市場において価格決定力を持つ独占企業が、需要の価格弾力性（ある財の価格が１％上昇したときに、その財への需要が何％下落するかを示した値）が大きく異なる二種類の買い手に直面したとき、価格弾力性の大きな（小さな）買い手に対してより低い（高い）価格をつけるというものである。入場券の学生割引や、タクシーの夜間割増料金制などが、典型的な価格差別化戦略として知られている。

これを中国の土地使用権の一次市場のケースに当てはめるとどうなるだろうか。例えば、製造業企業が工場の建設用地を探しているとき、特殊な産業集積が形成されているケースを除けば、ある特定の地域にこだわる必要は必ずしもなく、地価や人件費などのコストが少しでも安いところに立地する誘引（インセンティブ）が高いと考えられる。これは、先進国から途上国への製造業の生産拠点の移転が相次いでいることからもわかるように、製造業の場合には生産の立地が必ずしも需要に制約されないことから来ている。以上のことから、工場建設用地に対する需要は、地価に対する弾力性が非常に高いと考えられる。

それに対し、住宅地・商業施設はもともと地元の住民の需要を当て込んで建設される（立地が需要に大きく制約される）ため、他の地域との代替性が低いと考えられる。このため、例えばある地域の人口が多いなど一定の収益が見込めるのであれば、少々コストが高くても当該地の土地を取得するインセンティブが働く。すなわち工場建設用地に比べ、住宅地などの需要の価格弾力性はかなり小さいのである。

土地の供給を独占的に行っている地方政府は、価格弾力性の大きな工場建設用地に関しては、少しでも多くの工場を誘致し将来の税収を確保するため、非常に安い価格で供給する一方、価格弾力性の小さい住宅用地では、高い価格で供給していると考えられる。地方政府がこのような価格差別化戦略をとるのは、そのことによって大きな独占的利益を得られるからである。

実際のところ、図2-3を見れば商業・住宅用地の払い下げ価格と工業用地の払い下げ価格の間にはかなりの差があり、しかもその差が年々拡大していることがわかる。またすでに述べたように、経済開発区などの工場建設用地に進出する企業は、土地取得コストぎりぎりの低価格で土地の払い下げを受けていることが指摘されている。

このように、不動産市場に関しては、地方政府が土地使用権を独占的に供給するという市場のゆがみが、価格高騰のもう一つの重要な要因として働いてきた。近年における不動産価格の高騰も、すでに述べてきたような投資過剰に起因する「バブル」的な側面と、土地市場のゆがみによって生じる制度的な側面とが、常に働いていることを意識しながら、その動向を見ていく必要がある。

バブルへの懸念

以上のような一連の制度的なゆがみに加え、国内に十分な投資先がないなかで国内・海外の余剰資金が流れ込んだため、ストックとしての不動産価格は2003年ごろより、都市部のマンション・オフィス・商業施設を中心に高騰を続けている（図2-4）。

また、住宅価格の実際の上昇率は、図2-4に示されているものをさらに上回っていると考えられる。中国における公式の住宅価格指標には、全国の住宅販売価格を販売面積で割った単純な平均価格（新築住宅平均販売価格、図2-4に示されたもの）と、前年の同様の販売物件とのマッチングに基づいて不動産価格の上昇率を推計するという、S&Pケース＝シラー

図2－4　各種不動産価格の動向（全国）

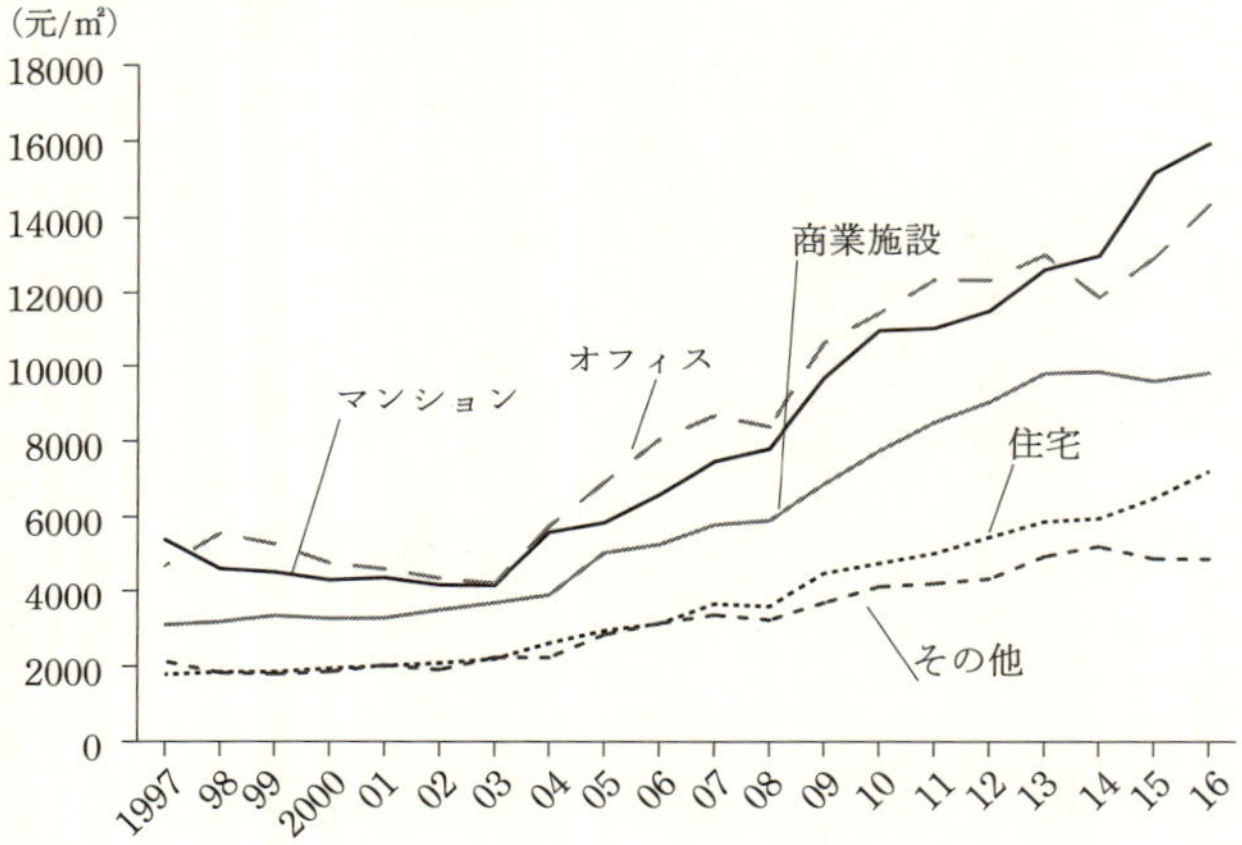

出所：CEIC Data

の手法に基づく価格指数（全国70大中都市住宅販売価格指数）の二種類が存在する。

清華大学の呉璟（WU, Jing）らは、これらの住宅価格指標について、いずれも実際の価格上昇率を過小評価していると指摘する。すなわち、住宅価格の単純な平均価格では、条件のよい物件ほど価格の上昇トレンドを反映する前に買い手がついてしまうため、その年の価格上昇率が十分に反映されず過小評価されてしまう。また、販売物件のマッチングによって価格指数を求めるやり方では、中国のように中古物件の販売量が少ない市場の動向を十分に反映しないという問題がある。そこで呉らは、住宅価格関数に年次ダミーを加えることによって独自の価格指数を推計し、２００６年から

10年までの住宅価格指数について、単純な平均価格では年平均１・87％、マッチングによる価格指数では１・02％の上昇率であったのに対し、独自の推計では年平均３・94％の価格上昇が見られることを示した。

同様の手法を用いたペンシルバニア大学の方漢明（FANG, Hanming）らによる推計では、2003年から13年まで10年間の中国の一線都市（北京、上海、広州、深圳の四大都市）、二線都市（ほとんどの省都およびそれに準じる都市）、三線都市（中小の地方都市）における住宅価格の上昇率は、それぞれ13・１％、10・５％、７・９％となる。日本のバブル期を含む1980年から90年の平均地価変動率が９・34％であることを考えても（国土交通省）、この時期の中国の不動産価格の高騰ぶりがわかるであろう。

政府当局は、近年の不動産価格の高騰を問題視し、マンション購入の際の頭金の比率を引き上げたり、金融機関の住宅ローンに総量規制を行ったりするなど、しばしば強引ともいえる引き締めを行ってきた。政府が不動産価格の高騰を問題視する最大の理由は、不動産投資の増加が、民間部門の債務拡大と表裏一体になっており、資産価格が落ち込むと銀行、あるいは「影の銀行」と呼ばれるノンバンク、あるいは銀行の簿外取引（後述）を通じたローンの多くが不良債権化し、信用危機など経済の目詰まりを起こす可能性が高いからだ。ＢＩＳ（国際決済銀行）が公表した金融機関以外の民間の債務残高が、バブル期の日本を大きく上回る数字を記録したことは、第1章で見た通りである。

また、不動産など資産価格の継続的な上昇は「持てる者」と「持たざる者」との資産格差の拡大をもたらし、社会不安を増大させかねない。また、家賃収入やキャピタル・ゲインなど「持てる者」にフローの資本所得の上昇をもたらし、家計間の所得格差の拡大にも寄与していると考えられる（第3章参照）。

いずれにせよ、不動産価格の上昇は格差を深刻化させ、ハードランディングの影響が大きい。このため、バブルが大きくなりすぎる前に介入して不動産市場を抑える、というのが政府の基本姿勢だと言ってよいだろう。

3　地方財政と不動産市場

融資プラットフォームを通じた債務

中国は、社会的なセーフティーネットの構築が不十分なまま高成長を続けており、所得の上昇に比べて国内消費が伸び悩んでいる。そうした状況で、地方政府主導で行われる固定資産投資は、中国の高成長を支える国内需要の最大要因になってきた。政府主導による積極的な投資行動は、道路建設のようなインフラ投資にとどまらない。農地の開発を通じたマンシ

図2－5　融資プラットフォームと影の銀行

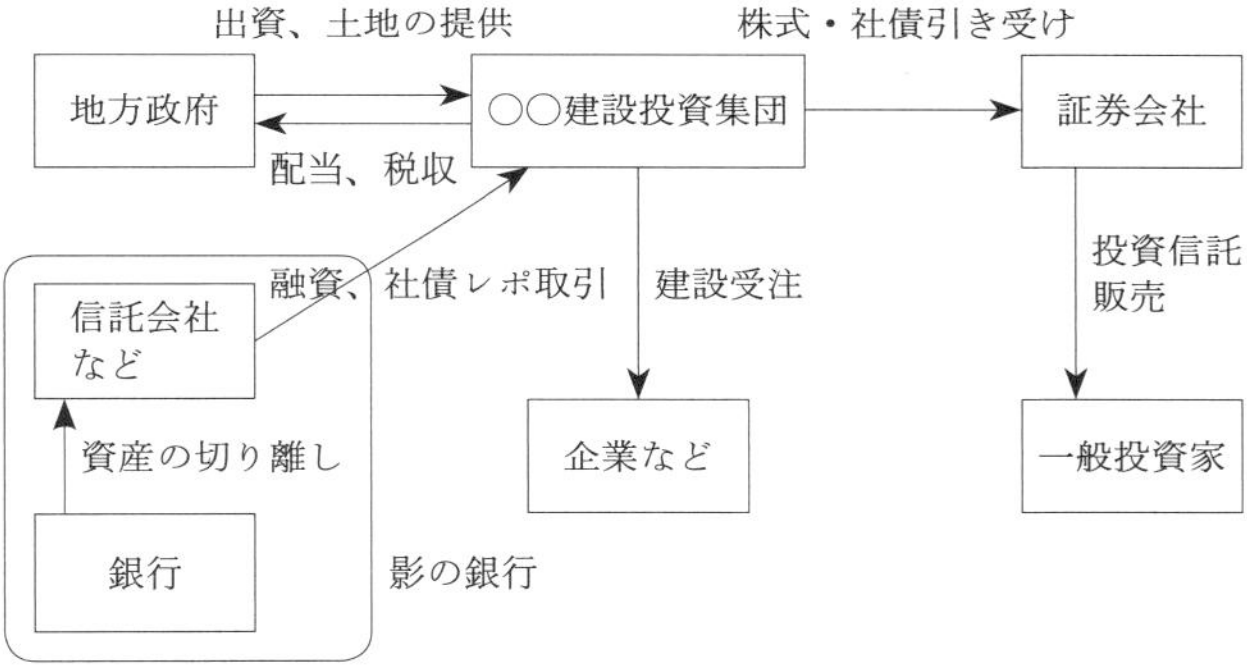

出所：筆者作成

ョンの建設や、国有企業の設備投資も、中央・地方政府による政策的な意向の影響を強く受けていると考えられる。

中国の地方政府はこれまでも、正規の税収のほかにさまざまな非正規のルートを通じて、財政資金の不足を補ってきた。近年では、土地使用権の払い下げを通じた資金が地方政府の自主財源として大きな位置を占めてきたことは、すでに見た通りである。そして、２００８年のリーマンショックとその後の大規模な景気刺激策によって広範に見られるようになったのが、地方政府が「融資プラットフォーム」と呼ばれるダミー会社を設立し、地域の開発資金を調達する手法である（図2-5）。当初は銀行から、それが規制されるようになってからは「影の銀行」と呼ばれるノンバンクから、融資を引き出した。このような手法が拡大した背景には、長らく地方政府が地方債の発行を制限されてきた一方で、中央政府が決定した景気刺激策を実行するための資金の大部分が、地方政府の自主財源にゆだねられた、という事情がある。

２０１１年6月に、中国審計署（会計検査院に相当）は、地方政府の実質的な債務の規模を確定するための大規模な調査を行い、地方の実質的な債務残高がＧＤＰの約27％にあたる約10・7兆元だと発表した。そのうち、融資プラットフォーム約６５００社を通じた債務は債務全体の46・４％に達するとされた。

中国版「影の銀行」の肥大化

融資プラットフォームについて、中央政府は早くからその存在を問題視し、その整理・縮小を狙った政策を打ち出した。例えば、２０１２年3月には、全国銀行監督委員会が「地方政府融資プラットフォーム貸し出しのリスク管理に関する指導意見」を公表し、プラットフォーム企業の債務を状態に応じて分類して整理するとともに、新規の銀行融資を厳格に規制した。

しかしそこで浮上してきたのが、銀行システムの外部の存在である「影の銀行」を通じた資金調達の増加である。「影の銀行」について、ここでは従来型の銀行のように当局の規制を受けないものの、一定の金融仲介機能を果たすシステム全般のことを指す、としておく。

欧米先進国、特に米国では、投資銀行を中心に非常に洗練された金融仲介の手法が発達し、FRBの規制の及ばないところでレバレッジと流動性リスクを急激に増加させてきた。欧米の「影の銀行」の特徴は、投資銀行がCP（コマーシャルペーパー）の提供によって市場から短期資金を大量に借り入れ、CDO（債務担保証券）など仕組み債の取引を通じて、レバレッジを高めた高リスクの運用を行うところにある。

しかし、中国版「影の銀行」は高度な金融商品の取引を前提としたものではなく、金融当局の規制の目を逃れるため、商業銀行が簿外取引を行うというのが最も一般的な形態である。商業銀行の簿外取引には、いくつかのパターンがある。代表的なものは、銀行が資産をバランスシートから切り離し、信託会社などと協力してスキームを作り、不動産などに投資を行うというもので、一般に「信託貸付」あるいは「銀信合作」と呼ばれている。

中国の法律では、商業銀行と証券・保険業務の相互乗り入れには厳格な規制が設けられてきた。このため、銀行は資産項目のうちいくつかのものをバランスシートから切り離して別スキームに移し、それを小口の金融資産（「理財商品」）に分割した上で、銀行の窓口を通じて代理販売する、という手の込んだ方法をとっている。

「影の銀行」はその後も拡大を続けている。２０１８年2月に公表された、銀行業理財登録管理センターによる「中国銀行業理財市場報告」によれば、理財商品などを通じて集められた資金の残高は２０１７年末で29兆５０００億元余りに達しており、数年間で３倍近くになったと見られている。

また、金融仲介や資金運用の仕組みがより複雑かつ洗練されてきており、その性質が米国の「影の銀行」に近づきつつあることが指摘されている。そこには、自己資本や預貸比率などの厳しい規制をくぐりぬけて融資を増やしたい中堅の銀行と、より利回りのよい金融商品を求める消費者のニーズを結びつける手段として、「影の銀行」が拡大してきたという事情がある。

すでに述べたように、中央政府は融資プラットフォームに対する新規の銀行融資を厳しく規制してきた。しかし、当局の規制の強化は、皮肉なことに「影の銀行」からの資金調達を増加させ、肥大化させる結果をもたらしたのである。

２０１３年末に発表された、中国審計署による中国の政府債務に関する調査報告書は、同年６月末の時点で、地方政府の実質的な債務残高が17・89兆元に達し、前回の調査に比べて70％以上増加したことを明らかにした。その後も融資プラットフォームや「影の銀行」を通じた地方政府の隠れ債務拡大の勢いは止まらず、２０１５年末には債務残高が35兆元に達したという試算もある。

度重なる政府の景気刺激策と、融資プラットフォームや「影の銀行」を通じた貸し出しの増加により、前述のように中国経済は次第に債務残高の重荷に苦しめられるようになっていった。民間経済主体が過剰な債務残高を抱えた状況では、デフレや不況によって企業の売り上げ予測が減少すると、不良債権が急拡大し、信用収縮が起きてしまうリスクを抱えている。中国政府は「新常態」と呼ばれる安定成長路線を歩みながら、過剰債務状態からの脱却（デレバレッジ）を図り、さらに経済がデフレに陥らないよう適度の景気刺激策を取り続けるという、難しい舵取りを迫られているのである。

地方債発行とPPP方式でバブルは防げるか

融資プラットフォームを通じた民間債務の拡大とそれに伴うリスクに対応するため、中央政府は地方債の発行に関する制限の緩和に踏み切った。まず２００９年以降、リーマンショック後の景気対策を実施するために、中央政府による２０００億元規模の地方債の代理発行が実施された。そして、２０１１年から上海市、深圳市、浙江《せっこう》省、広東省といった沿海部の省と市で、地方債の自主発行が開始された。その後、２０１５年１月から省レベルの政府を対象に地方債発行を全面的に認めた新しい予算法が施行され、同年３月から本格的な発行が始まった。

また、２０１４年９月に国務院が発表した「地方政府性債務の管理強化に関する意見」で

図2－6　地方債発行件数と発行額（四半期）

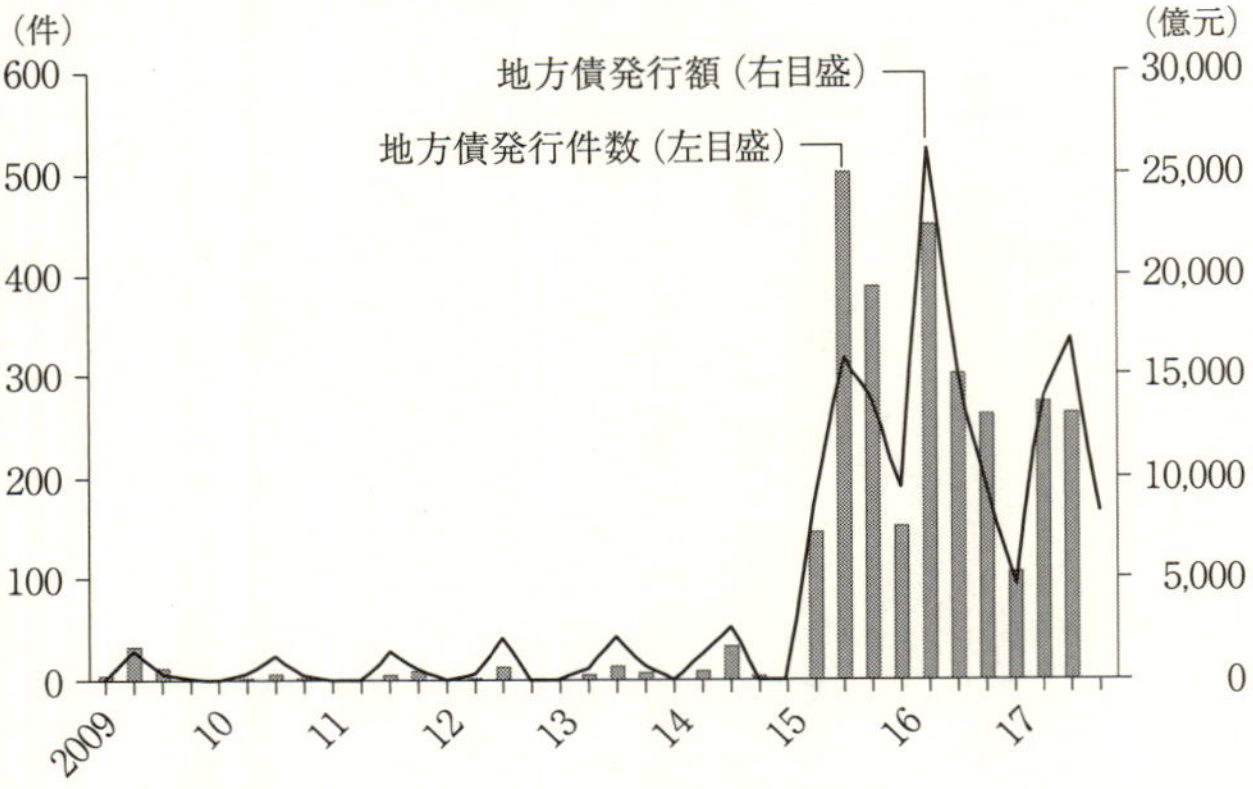

注：中国債券信息網ウェブサイト（http://www.chinabond.com.cn/d2s/index.html）より

は、地方政府の起債メカニズムの改善や予算管理の強化を通じて、地方政府が抱える債務リスクを解消させるという方針が打ち出された。より具体的には、融資プラットフォームを通じて拡大してきた地方政府の隠れ債務を、地方債の債務に置き換えることを通じて、より透明性の高い、低リスクの債務として管理していくことを目指している。図2-6が示す通り、これらの政府の方針に伴い、2015年から地方債の発行件数および発行額が急上昇している。

　地方債の発行とともに、公共事業などの財源獲得手段として新たに注目されているのがPPP（Public-Private Partnership）方式である。これは公共部門と民間部門の連携事業を指す広い概念で、建設・資金調達を民間が担い、完成後は所有権を公共セクターに移転する「ＢＴＯ（Build Transfer Operate）方式」や、施設の所有権は公共部門に残したまま、施設の経営権を民間事業者に授与する特許経営（コンセッション）方式などがある。現在中国で注目されているのは、政府と民間資本が共同出資して新たに企業を設立し、その企業が政府から権利を授与されて、インフラなどの公共財や公共サービスの提供を行うという特許経営方式の変形である。

地方政府が責任を曖昧にしたまま関与することで、債務とリスクを拡大させてきた融資プラットフォームの反省を踏まえ、ＰＰＰ方式により設立される独立事業体の債務は、地方政府の財政とは明確に切り離されることが謳われている。地方政府の財源獲得手段に中央政府が強い「たが」をはめて、その活動をコントロールするだけでは、成長に大きなブレーキがかかってしまう。むしろ求められているのは、地方政府がより規律のある市場メカニズムにのっとって資金調達を行うことである。前記のような地方債の発行拡大の動きや、独立事業体が市場メカニズムに基づき資金調達を行うＰＰＰ方式の推奨は、この方針に沿ったものだといえよう。財政部によると、２０１７年３月末の段階で政府が把握しているＰＰＰ方式のプロジェクトは１万２３００件に達し、投資総額は14・6兆元になるという。

しかし一方で、第1章で述べたような金融市場におけるリスクの高まりは、地方債の発行やＰＰＰ方式を通じた地方財政の規範化の道のりにも影を投げかけそうだ。２０１７年になり金融政策が引き締めに転じ、債券市場や銀行間市場の金利が高騰すると、証券会社による債券の偽造取引問題などが相次いで発生するなど、債券市場のリスクが高まっていることは第1章で述べた通りである。このことを受けて、2017年6月末までの社債発行額は約9800億元と、前年の半分程度に落ち込んだほか、それまで順調に伸びてきた地方債の発行も停滞している。また、PPP方式による投資案件は、貴州《きしゅう》省や新疆《しんきょう》ウイグル自治区など財政収入が不足気味の地域で急速に伸びる傾向があるなど、地方政府の新たな「打出の小槌《こづち》」になりかねない。かなり高リスクの投資案件もあるのではないかと指摘する声もある。

遅れる不動産税の導入

地方政府による不動産開発への傾斜と、融資プラットフォームなどを通じた隠れ債務の拡大を制御し、不動産バブルの再発を防止するための有効な手段が、本格的な不動産税の導入である。従来の中国の税制にも、「不動産税」と名のついた税金は存在していたものの、「不動産税」および外資企業の保有する不動産を対象とした「都市不動産税」では、課税対象が営業目的の物件に限定されており、住宅は対象外とされてきた。

2011年1月には、個人所有の住宅保有に対する不動産税の課税が、全国に先駆けて重慶市と上海市で導入されている。2013年11月12日に終了した中国共産党の第18期中央委員会第３回全体会議（３中全会）において採択された「全面的な改革深化に関する若干の重大問題の決定（以下「決定」）」は、社会・経済のさまざまな分野で、かなり踏み込んだ改革の方針を示したが、住宅を課税対象とした不動産税の導入の方針も示された。しかし、マンション等を対象とした全面的な不動産税の導入を通じて、地方政府の土地市場への介入をやめさせる試みは、現在に至るまでまだ議論の段階にとどまっている。

包括的な不動産税の導入が遅れている理由としては、以下のようなものが考えられるだろう。すなわち、不動産税の導入はこれまで積極的な不動産投資を支えてきた高い利益率を引き下げるとともに、不動産価格の上昇期待を支えてきた地方政府の土地市場への介入を抑制する働きを持つため、不動産市場を一気に冷え込ませる恐れがある。また、不動産市場の冷え込みは資産価格の下落だけでなく一般的な物価水準、すなわち経済のデフレ化をもたらし、超過負債を抱える民間経済に多大なリスクをもたらす恐れがある。

それでも、不動産税の導入による地方政府の「土地財政」からの脱却は、前述の地方債やＰＰＰなど市場を通じた地方財政の規律化の実現にとっても、避けることのできない課題である。導入に向けて、いずれ何らかの政治的な決断が必要とされるのではないだろうか。

成長パターンの転換は進むのか

本章で見てきたように、改革開放政策の実施以降、高度成長をもたらした中国の成長パターンは、強い政府のリーダーシップの下で、中国が比較優位を持つ低廉な労働力を利用し、輸出市場向けの労働集約産業に依存したものであった。こうした政府主導型の成長パターンは、確かに当時の「国情」に適合していた。しかしすでに述べたように、高度経済成長に陰りが見え始めた現在の中国は、従来の経済システムや成長パターンの根本的な見直しを迫られている。

第1章でも見たように、2014年には中国経済が「新常態」と表現される安定的成長段階に入ったとされ、市場メカニズムを重視した改革の継続や、投資に過度に依存した成長路線からの転換、いわゆる「供給側の改革」が政府によって説かれるようになった。2015年に発表された「中国製造2025」などの産業政策に代表される、官民挙げたイノベーションの推進（第6章参照）や、「シルクロード経済ベルト」に「海のシルクロード」を合わせた「一帯一路」戦略（終章参照）も、そのような新しい成長パターン創出の試みとして理解できよう。

特に、「一帯一路」構想に象徴される資本輸出型の経済発展戦略は、成長率の低下が避けられない情勢となった中国経済の将来を占う上で、極めて重要な意味を持っている。これらの経済発展戦略は、過剰な国内資本や外貨準備を、いってみれば海外に「逃がし」、従来型の経済成長パターンのなかで顕在化した供給能力の過剰を緩和する面もあるからだ。

いずれにせよ、世界経済のなかでますます存在感を拡大する中国は、どのように動いても世界に大きなインパクトをもたらす。経済成長パターンの転換を通じて国内経済の安定的な成長を持続すると同時に、これまでの投資依存経済が招いてきた不動産バブルのリスクを軽減できるのか。そこに、全世界の注目が集まっているといっても過言ではないだろう。

参考文献

（日本語）

国土交通省（２０１７）『平成29年地価公示全国の地価動向』（http://tochi.mlit.go.jp/pdf/h29_tikakouji_kanren_data.pdf）

齊藤誠（２００６）『成長信仰の桎梏―消費重視のマクロ経済学』勁草書房

齋藤尚登（２０１７）「中国経済：オールドエコノミーの下支えで急減速を回避」『大和総研調査季報』Vol.25（http://www.dir.co.jp/research/report/overseas/china/20170301_011767.pdf）

丸川知雄・梶谷懐（２０１５）『超大国・中国のゆくえ４　経済大国化の軋みとインパクト』東京大学出版会
三浦有史（２０１３）「投資効率の低下が続く中国経済―金融・国有企業改革の実行が求められる習近平体制」Research Focus, No.2012-19
（中国語）
中国審計署（２０１３）『全国政府性債務審計結果』（http://sjc.upc.edu.cn/picture/article/60/c4/af/2cf5dac345fb90f6da6fd1b187e7/891a20e0-f687-48e6-9021-402949ffa805.pdf）
（英語）
Dollar, David, Benjamin F. Jones（2013）, “China: an Institutional View of an Unusual Macroeconomy,” *NBER Working Paper* No.19662.
Fang, Hanming, Quanlin, Gu, Wei, Xiong, and Li-An Zhou（2015）, “Demystifying the Chinese Housing Boom,” *NBER Working Paper* No. 21112.
Naughton, Barry（2011）,“China's Economic Policy Today: The New State Activism,” *Eurasian Geography and Economics*, Vol.52, No.3, pp.313-329.
Wu, Jing, Yongheng Deng and Hongyu Liu（2011）, “House Price Index Construction in the Nascent Housing Market: The Case of China,” *IRES Working Paper Series*, IRES2011-017.
Bank for International Settlements（2018）, “Mapping shadow banking in China: structure and dynamics,” *BIS Working Papers*, No. 701.

第3章　経済格差のゆくえ

1　個人間の所得格差の拡大

近年の中国における経済格差の拡大は、中国社会の不安定化の一因となっている。農村―都市間の経済格差をはじめ、さまざまな経済・所得格差の問題は改革開放期を通じて、いや、毛沢東《もうたくとう》時代の中国にも常に存在していた。しかし、それまでには考えられなかった規模の所得格差が、都市住民内部の間でも生じてきたのは、1990年代後半以降の、比較的新しい現象だといえる。

一方、広大な国土の中に地理的な多様性を抱える中国にとって、沿海部と内陸部に代表される地域間の経済格差は、いわば経済発展の過程に埋め込まれた問題であった。特に近年では第2章でも見たように、各地方政府が、不足する開発資金の財源を土地の売買を通じた資金獲得に求め、その結果土地の払い下げ価格が上昇し、不動産バブルに至ったという経緯がある。「開発競争」が生み出した地域間の経済格差の拡大は、中国の高度成長が生み出したひずみの代表的なものである。これに対し中央政府は1990年代末より「地域間協調発展戦略」を掲げ、西部大開発などさまざまな公共事業主導による地域開発プロジェクトを実施し、格差の縮小を図ってきた。ただし、効率性の低い内陸部への資本投資の増加は、前章でとりあげた「資本過剰経済」の問題をいっそう深刻化させている。本章では中国経済の宿痾《しゅくあ》ともいうべき経済格差の現状をとりあげ、そのゆくえについて考察する。

「ジニ係数」の変動から見えてくるもの

すでに述べたように、もともと中国では地域間の経済格差は大きいが、個人間の所得格差、特に都市住民間のそれが拡大し、是正すべき水準にあると認識されるようになったのは、たかだかこの20年ほどの現象である。そのことを端的に示すのが、個人所得の不平等を示すジニ係数の動向であろう。ジニ係数は0から1までの値をとり、1に近づくほどその社会の不平等が拡大していることを示す指標である。俗に、「その値が0・4以上になると警戒状態、0・5以上では社会が不安定化する」といった表現をマスメディアの報道などで見かけるが、これに具体的な根拠があるわけではない。

格差の指標として広く知られるようになったジニ係数だが、中国政府はこれまでその全国における値を公表してこなかった。統計・申告制度に問題があったため、全国住民を対象とする家計調査が行われてこなかったこと、そのため農村と都市の所得を統一基準で測定するのが困難だったことがその理由である。そこで、これまで世界銀行などの国際機関や中国国内の調査機関が、国家統計局の実施した家計調査などに基づいて独自にジニ係数を推計してきたのが実情だ。

それが2013年1月18日になって、中国国家統計局は、2003年にまでさかのぼる全国のジニ係数の値を公表した。この時期の公表となったことについて、国家統計局の馬建堂氏は、都市と農村で定義が異なっていた所得統計を遡及して統一させる作業が完了したからだ、と説明している。

図3-1は、その国家統計局による公表値を中心に、中国社会のジニ係数の推移を示したものである。ここからは、1980年代から国家統計局の公表した2003年にかけて、所得の不平等が急速に拡大したこと、そして2003年以降は08年をピークに緩やかに減少していることがわかる。これは「近年の中国では一貫して格差が拡大し、深刻化している」というう、日本で一般的に流布しているイメージとかなり異なっているかもしれない。

図３－１　ジニ係数の推移

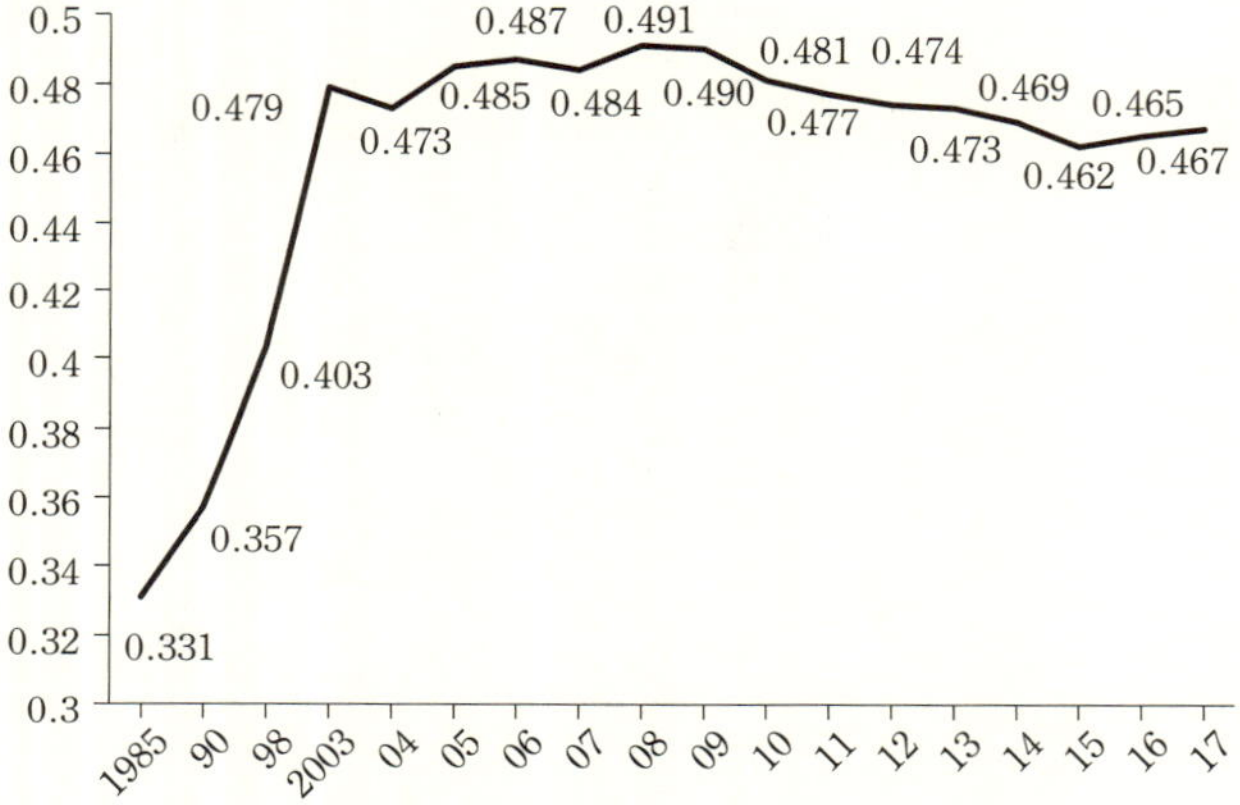

注：1985、1990、1998年の数値は世界銀行の推計値による。2003年以降の数値は国家統計局が2013年以降に公表した値
出所：丸川知雄（2013）『現代中国経済』有斐閣アルマなどより作成

国家統計局の数値に関して、家計収入を十分に捕捉しておらず、格差を過少に推計しているのではないか、という批判の声は強い。ただ、その数値自体がどれだけ現実を反映しているかはともかく、２００８年にピークを迎え、その後やや縮小に向かうというジニ係数の動きは、格差の現状に関するトレンドを比較的正確に表している、と考えられる。

その背景には、政府の農業・農村政策の転換による農家所得の上昇と、それに伴う都市における低廉な非熟練労働者の減少、といった近年の中国における経済状況の大きな変化がある（第4章参照）。その結果、それまでずっと買い手市場だった労働市場をめぐる状況に変化が生じた。特に、それまで農村からの出稼ぎ労働者（農民工）を低賃金・長時間という劣悪な労働条件で働かせることで知られていた、珠江の河口にある三角地帯「珠江デルタ」の製造業における「民工荒（労働力不足）」現象が顕著になっていった。このような変化を受けて、２０１０年以降、農村における一人当たり実質所得の伸びが都市のそれを上回っており、それが中国全体の所得格差縮小の原因となっている。

また、リーマンショック以降、内陸地域を中心に政府による公共事業が行われたことも、格差解消に一定程度寄与しただろう。ただしその反動として、２０１６年と17年の両年、中国全体のジニ係数は若干ながら再び上昇に転じている。これは、政府が「新常態」と呼ばれる安定成長路線へと舵を切り、地方政府が主導する公共事業や設備投資を抑制する方針に転じたことが関係していると考えられる。

「灰色収入」の存在

一方で、中国社会には、格差の実態を見えにくくしている、言い換えれば、公表されたジニ係数の数字よりも格差を大きく感じさせる要因がいくつか存在する。農民、および農民工と、都市住民がそれぞれ享受する社会保障や住宅環境など、社会サービス全般に関する格差も、ジニ係数では捉えることのできない「格差」の構成要素の一つである。

さらに、政府によっては捕捉が難しい「灰色収入」の存在がある。「灰色収入」とは、合法と非合法の間に位置するグレーゾーンの収入という意味である。一般に、政治的な「特権」を有している階層ほど、「レントシーキング（政府などに働きかけて自身に有利な政策を打たせること）」行為を通じてこの種の収入が多くなると考えられている。

灰色収入の問題に一貫して取り組んできた中国改革基金会国民経済研究所の王小魯によれば、2008年には公式統計には表れない「隠れ収入」が都市部だけで9兆3000億元（GDPの約30％）存在していた。そのような「隠れ収入」のなかに前述の灰色収入も含まれるが、2011年の推計ではその額は6兆2000億元（GDPの約12％）に達するという。

王のグループは都市の家計収入を独自に調査し、隠れ収入を含めた実際の収入と、経済センサスなどによって政府が把握しているフォーマルな家計収入との差を明らかにした。両者の値の差は、所得が高い層ほど大きくなる傾向があり、収入の上位10％の家計では、実際の収入がフォーマルな収入の3倍以上になるという。また、隠れ収入の全体額のうち、所得上位20％の高所得者層が70％以上を得ていることも明らかにされた。

王は、「隠れ収入」が反映されていないため、国家統計局の公表したジニ係数は実際の格差を過少に評価していると主張している。彼によれば、2011年の公式統計における下位10％の家計を1としたときの上位10％の家計収入は8・9であるが、隠れ収入を含めると、それは20・9に跳ね上がる。また、隠れ収入を考慮に入れた場合、都市住民だけに限った2011年のジニ係数は0・501に達すると推計している。より収入の低い農村部を含めた中国全体の不平等度は当然これよりも大きくなるはずだ。

王は、ここまで隠れ収入が拡大し、実際の格差を広げている要因として、一部の産業において、独占的な地位を占めている国有企業が高い利潤を得ていること、公共支出の管理が不十分で、財政支出の流れが不透明であること、ゆがみのない規律づけられた生産要素市場、言い換えれば労働、資本、土地などの生産要素に関する価格メカニズムが不在であること、公共サービス部門に腐敗が蔓延しており、監督機能を欠いていること、などを挙げており、それらの点を改善するための改革が必要だと訴えている。

なお、王は2015年5月29日付の経済史『第一財経日報』のインタヴューに答え、習近平政権が進める反腐敗運動によって灰色収入が大幅に減少したと述べている（「反腐大幅度減少灰色収入」）。しかし同インタヴューのなかで、そのエビデンスとなるような新たな研究成果が紹介されているわけではない。また筆者が調べた限り、王はそれ以降「灰色収入」に関する論文の発表やメディアでの発言を行っていない。したがって、反腐敗運動が本当に前記のような「灰色収入」の解決に効果があったのかどうかは、今後解明されるべき課題だというほかはない。

21世紀中国の資本

所得を対象としたジニ係数には表れない格差の実態を示すものとしてもう一つ重要なのが、資産保有に関する格差である。

パリ経済学校のトマ・ピケティが2014年に出版した『21世紀の資本』が、世界の読書界で話題をさらったことはまだ記憶に新しい。同書は、膨大な統計データをもとに、冷戦終結後の世界各国において資本の分配率が次第に上昇し、それと並行して所得格差が拡大していることを明らかにした。

ここで、ピケティの用いたロジックを確認しておこう。ピケティによれば、資本市場がグローバルに統合され、より高い収益を求めて世界中を移動するような世界において、マクロ的な所得分配の傾向は、以下の二つの「基本法則」によって説明されるという。

①資本分配率＝資本収益率×資本係数
②資本係数（所得と資本ストックの比率）＝貯蓄率／GDP成長率

その上でピケティは、資本分配率が上昇し、所得や資産の格差が拡大していく条件として、資本収益率がGDP成長率を上回る状態（r＞g）が続くことを挙げている。①式より、資本係数があまり変化しない短期において、資本収益率の上昇は資本分配率の増加を意味するため、所得格差を拡大させる直接の要因になる。また、②式は長期的にみて貯蓄率が高く、成長率が低い経済では資本係数が上昇しやすいことを示している。中長期にわたって高い資本収益率が続くと、貯蓄率が押し上げられるため、資本係数の上昇を通じて所得や資産格差の拡大をもたらすと考えられる。

ピケティによれば、欧米先進諸国では、二度の世界大戦で国土が荒廃した1910年代から40年代にかけて資本係数は大きく低下し、国際間の資本移動が制限されたブレトンウッズ体制の下でも停滞を続けた。しかし、変動相場制が広がり国際的な資本移動が活発になった1980年代以降、現在に至るまで資本係数は上昇を続けている。そのことが、前記の①式および②式が示すように、同時期における先進諸国の所得格差の継続的な拡大をもたらした、というのが各国のマクロデータを整理したピケティの主張である。

中国においても、不動産など資産価格の継続的な上昇は「持てる者」と「持たざる者」の間における資産格差の拡大をもたらし、社会不安を増大させかねないことが当局の懸念材料となっている。例えば、北京大学中国社会科学調査センターが2014年7月に発表した『中国民生発展報告2014』の調査結果では、2012年の中国における家計純資産のジニ係数は0・73に達し、1パーセントの富裕層が、中国の全財産の約3分の1を占めているとされた。資産格差の拡大は、第2章で論じたような住宅資産の私有化、市場化、ならびに土地使用権を含めた資産価格全般の高騰によって生じたものである。また、家賃収入やキャピタル・ゲインなどを通して、「持てる者」にとってフローの資本所得の上昇をもたらし、ひいては家計間の所得格差の拡大にも寄与していると考えられる。

この点に関し、『21世紀の資本』と同じ手法を用いて、中国の改革開放期以降の所得と富の蓄積、ならびにその分配状況の変化に関する分析を行っているのが、ピケティ、ヤン、ザックマンによる研究である。彼らは上位0・5%までの納税額のデータと、家計調査のデータを組み合わせて、上位1%、10%、40%、および下位50%の所得および富の合計値が、中国全体でどれだけのシェアを占めるのかを推計している。

分析の結果、彼らは、中国における資本係数が1978年の350%から、2015年には700%近くにまで増加したことを見出した。すでに述べたように、このような動きは経済のグローバル化が進むなか、多くの先進国で見られたものである。しかし、中国のGDPに対する総資産の伸びは、先進国と比べても際立っている。この急激な伸びは、高い水準の貯蓄率と投資率が持続したことと、所有権の法体系の変化を反映して資産の相対価格が大きく上昇したこととの組み合わせによって説明できる。ピケティらはまた、総資産に占める公

図3－2　上位10％の資産保有シェアの推移

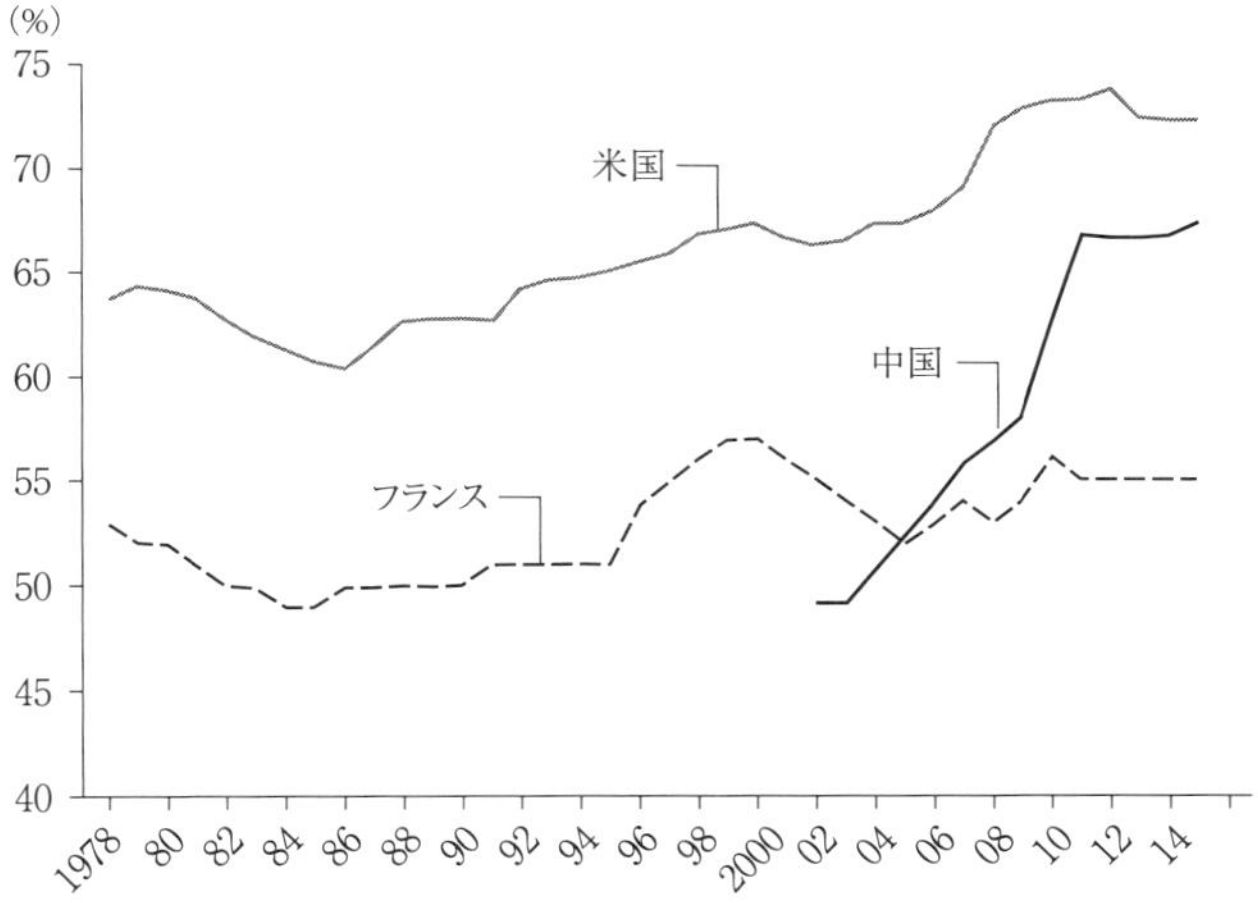

出所：Piketty, Thomas, Yang, Li and Gabriel Zucman（2017）, "Capital Accumulation, Private Property and Rising Inequality in China 1978-2015," *NBER Working Paper Series*, No.23368.

的資産の比率が、1978年の約70％から2015年の30％に低下（ただし、それでも依然として先進国の比率よりもかなり高い）したことも明らかにした。

こういった急激な民間部門の資本蓄積を背景にして、資産保有額の格差の水準は1990年代に急速に拡大し、北欧諸国に近い平等な水準にあったものが、現在はフランスなどヨーロッパの主要国の水準を上回り、米国の水準に近づきつつある（図3-2）。さらに、上位10％の所得比率は、国民所得の27％（1978年）から41％（2015年）に上昇した半面、下位50％の比率は27％から15％に低下している。

急激な資産・所得格差の拡大にせよ、

先ほど見た「灰色収入」の存在にせよ、社会的な「特権」が富の不平等を生み出す構図の上にある現象だということは間違いない。したがって、こういった構図が生み出す格差は、単なる「不平等」ではなく、是正されるべき「不公平さ」として人々の目には映ることになる。例えば、大規模な社会調査によって、中国社会の階層分化の現状を浮き彫りにした園田茂人の『不平等国家中国』は、「開拓精神が旺盛かどうか」「技能・技術を持っているかどうか」といった個人の能力に基づく格差が容認される一方で、「官職についている」「コネがあるかどうか」といった能力や努力とは無関係の属性に基づく格差には、厳しい目が向けられていることを明らかにしている。

2　地域間経済格差の変動と再分配政策

地域格差の推移

次に、地域間経済格差の動向について見ていくことにしよう。

図3-3は、省ごとの一人当たりGDPの値で測った格差を平均対数偏差（平均所得に対する各人の所得の比の対数値を計算し、その社会全体における平均を求めたもの。この平均対数偏差の値は所得が完全に平等に分布していればゼロになり、不平等度が大きいほど大きくなる）で表し、

図３－３　地域間の格差の動向

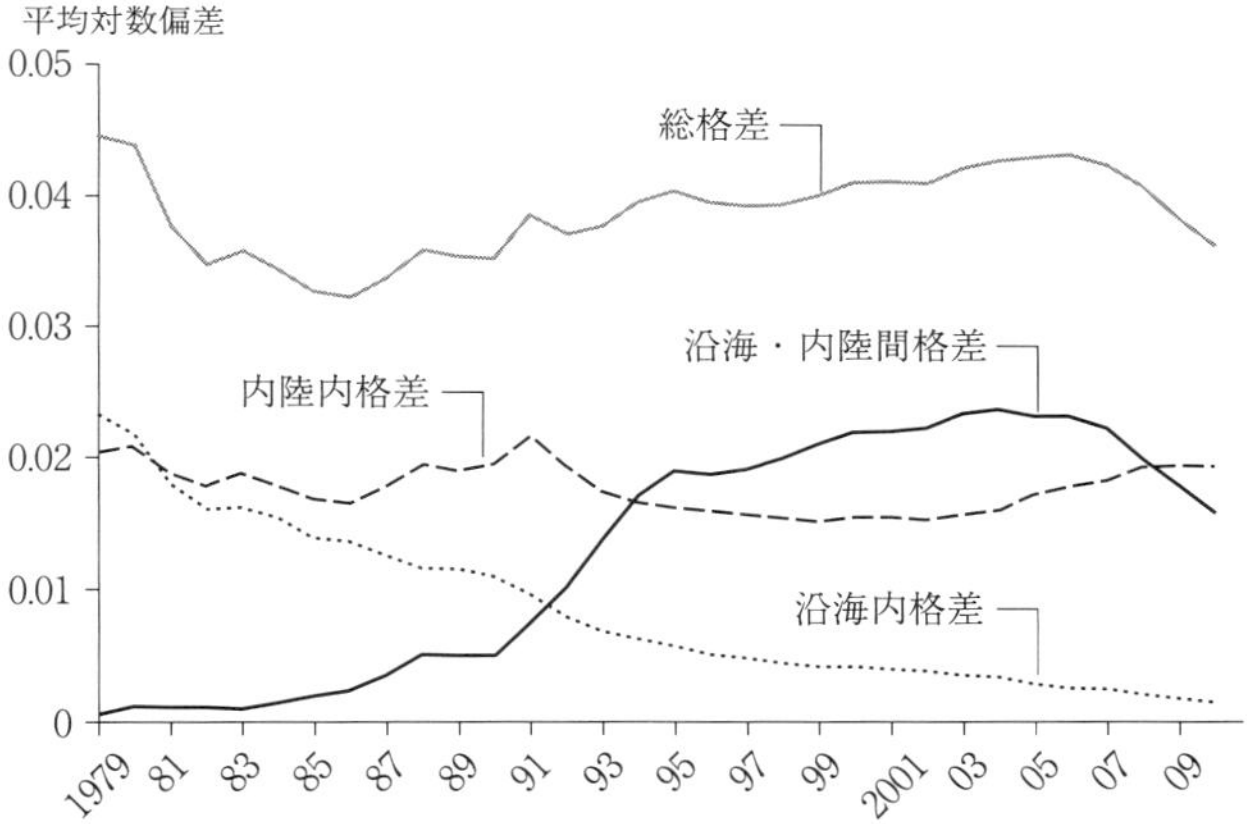

出所：星野真（2013）「地域経済格差」（上垣彰・田畑伸一郎編『ユーラシア地域大国論　第１巻　ユーラシア地域大国の持続的経済発展』第６章、ミネルヴァ書房）

全体の格差を沿海・内陸それぞれの地域内部の格差、そして沿海部と内陸部の地域間の格差の三つに分解したものである。

図からは、改革開放政策が始まった１９８０年代において、中国全体の経済格差にはむしろ縮小傾向が見られたことがわかる。これは、それほど一人当たり所得が高くなかった沿海南部の諸省（江蘇《こうそ》省、浙江省、福建《ふっけん》省、広東省）が改革開放政策によって急速に発展した結果、１９８０年代には沿海部内部における経済格差が縮小したためである。ただし、沿海部と内陸部との地域間格差は一貫して拡大を続けており、１９９０年代に入ると、地域内部の格差縮小の効果を上回ったため、中国全体での省間の格差も拡大基調に転じることになる。

一方、2005年前後をピークに地域間経済格差は縮小に向かっていく。後述するように、この前後から西部大開発など内陸部重視の政策が実施されたり、内陸部で生産される資源などの価格が上昇に向かったりしたため、内陸部と沿海部の間の格差が縮小し始めたからである。

均衡発展から「先富論」へ

一連の地域間経済格差の動向は、地理、環境的な要因など、初期条件からも一定の影響を受けていると見られるが、基本的には政府による財政政策や地域発展戦略の転換によって大きく左右されていると考えられる。以下では、これらの動きについて、少し詳しく見ておくことにしよう。

まず、計画経済期(1953~78年)には、均衡発展戦略が採用された。特に大躍進、文革といった大衆動員を通じた政治運動が展開された時期には、それと同時に経済の分権化が進み、地域アウタルキー(自給自足)への指向性が重視された。「細胞経済」あるいは「五小企業」といった用語に代表されるように、地方分散化と地方小規模工業の振興が見られた。「三線建設」(1964~71年)はその典型的な事例である。

冷戦下の1960年代、社会主義の路線をめぐってそれまで蜜月だったソ連との関係が次第に悪化したことから、それまで工業の発展が遅れていた内陸の西部地域に、ソ連、アメリカからの軍事攻撃に耐えうる独立した工業基盤の建設を行おうとしたのが三線建設の背景である。この時期、内陸の西部地域に軍用トラック、航空機、レーダーなどの電子機器といった軍事関連産業やインフラ設備が積極的に建設された。しかし、主に軍事的な戦略から行われたため、膨大な資金がつぎ込まれた一方で地域の経済発展にはつながらず、結果的に三線建設は失敗に終わっている。

改革開放政策が始まった1980年代になると、一転して沿海地区経済発展戦略（「先富論」）が採用された。中国政府が対外開放政策を進め、貿易圏の分散化と権限委譲を通じて、外資へのアクセスに恵まれた沿海諸地域の発展が優先されることになったのである。具体的には以下の四点が重要である。まず、財政と外貨の集中管理体制を改革し、地方政府が財源・外貨を留保できるようにしたこと。第二に、経済計画、対外貿易、企業管理の自主権拡大を行ったこと。第三に、物資・商業部門における市場調節を拡大したこと。これら一連の改革により、地方政府が独自の外資優遇政策をとり、経済発展を遂げることが可能になった。第四のポイントは、広東の深圳・珠海《しゅかい》・汕頭《すわとう》、福建の厦門《アモイ》に「経済特区」を設置したことである。

経済特区は、外資を積極的に呼び込んで輸出ドライブをかける「沿海地区発展戦略」の実施のため、経済的な「飛び地」として設けられた。特区では外国企業から原材料、商品サンプルやデザイン、部品などの提供を受け、安価な労働力を用いて製品を完成させ、それを外国企業が輸出し、その代金の一部を加工賃として受け取るという「来料加工(=原料委託加工)」や「来様加工(=サンプル委託加工)」などの委託加工貿易が行われた。特に香港に隣接する広東省の深圳市は改革開放まで工業企業の立地がほとんど見られない寒村だったが、経済特区に指定されてからは中国の輸出産業の中心地になり、香港経済とも一体になってめざましい発展を遂げていくことになる。

一連の対外開放政策は、海外資本の導入にも門戸を開いた。特に、「三資企業(合作企業、合資企業、独資企業)」といわれる現地法人の設立を伴う海外直接投資の解禁は、中国の経済成長に大きな役割を果たした。法人税の減免など、政府の積極的な外資優遇政策に加えて、1985年のプラザ合意以降、自国通貨の急速な切り上げに悩む日本やアジアNIES(韓国、香港、台湾、シンガポール)の企業に低賃金の加工基地を提供したことが、深圳をはじめとした広東省・珠江デルタ地域の急速な発展につながった。

珠江・長江デルタなど沿海南部の主要都市へ外資系大手企業が進出したことは、外資あるいは地場系の部品産業の参入を促し、電子産業や自動車産業などの産業集積の形成に寄与していく。いったん産業集積が形成されると、①知識のスピルオーバー効果（拡散効果）、②地域の補助産業の成立、③地域の熟練労働力のプールなど、経済学でいう「外部性」の効果によって、生産性の向上と、それらの地域への企業の集中がますます進んでいくことになる。1980年代から90年代にかけて産業集積の形成が進んだことも、沿海部と内陸部の格差拡大の大きな背景として指摘できるだろう。

請負制による再分配機能の低下

沿海部と内陸部の間の経済格差が拡大を続けるなかで、財政を通じた地域間の再分配の動きはどうだったのか。改革開放期の財政制度改革の歩みは、1979年に四川省ならびに江蘇省で実験的に行われた、地方財政請負制度（財政請負制）の導入に始まる。財政請負制とは、簡単にいうと、地方政府が集めた財政資金の一部を中央政府に上納し、その残りを地方政府が独自に管理し、自由に支出を決定するというシステムのことである。この方式の下では、地方企業の収入と支出も省の管轄とされたこともあり、省の財政基盤が大きく拡大した。

財政請負制の実施は、各地方政府にとって地元経済の発展のために用いることができる資金を、努力次第で拡大させる余地が生じたことを意味した。このことは、地方政府に地元経済へ積極的に関与するインセンティブを与え、地方の経済的な活力を引き出す上で大きな役

図3－4　国家財政に占める中央財政の比率

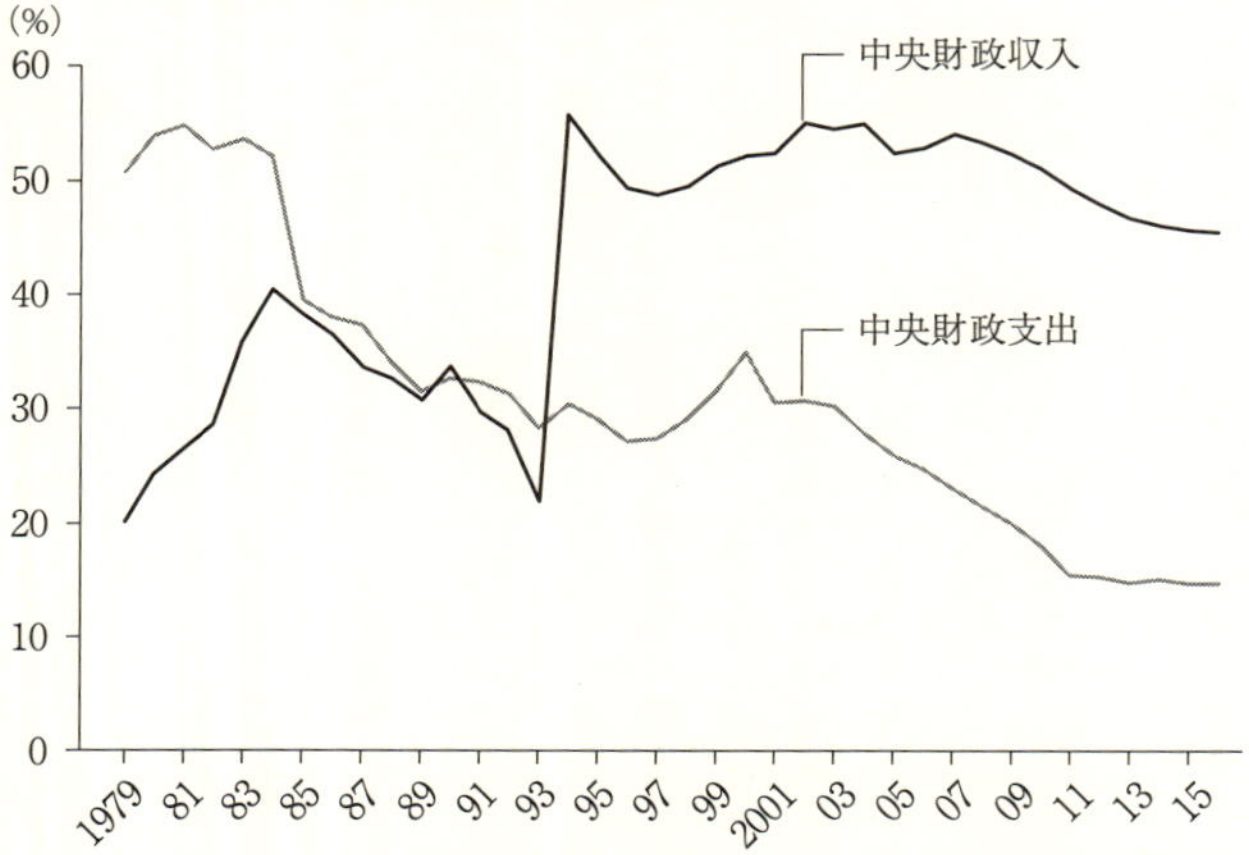

出所：国家統計局国民経済済総合統計司編『新中国六十年統計資料彙編』中国統計出版社、国家統計局編『中国統計年鑑』中国統計出版社（各年版）

割を果たした。

一方で、財政請負制の実施は中央財政の弱体化と再分配機能の低下をもたらした。請負制が本格的に導入された1980年代半ばから、94年に分税制（後述）が導入されるまで、全国の財政収支に占める中央財政の割合は、一貫して低下し続けた（図3-4）。またそれだけではなく、中央・地方財政を合わせた支出の対GDP比率も低下していった。つまり、改革開放期を通じて、経済全体に占める財政的な活動の比重自体が縮小し続けていったのである。

中央財政の弱体化と再分配機能の低下を象徴するのが、予算外資金の増加である。予算外資金とは、地方政府が徴収した財政収入のうち、中央政府あるいは上級の政府に上納する必要がなく、地方政府の下に自主財源としてそのまま留保される資金の総称である。各種の税付加、各地方政府が経営する病院やホテルなどの事業体からの収入、そして国有企業の内部留保金などから構成されていた。分税制の導入とほぼ並行して、予算外資金のいくつかの項目、例えば国有企業の留保利潤などが予算内の財政資金に組み入れられるまで、予算外資金は拡大を続けた。特に相対的に豊かな地域において、その地域の経済発展のための資金が、予算外資金の形で企業や地方政府に留保されるようになったことで、中央政府の財政再分配効果は低下した。

分税制による再分配機能の強化

地方財政請負制度が抱える問題点に対処し、中央のマクロコントロール能力を高めることを目的として、朱鎔基《しゅようき》副首相（当時）のイニシアティブにより、1994年より分税制が全国で実施された。それまでの地方財政請負制度では、地方政府と中央政府の収入が明確に区別されることなく徴収されていた。分税制はそのやり方を改め、財政収入を「中央固定収入」と「地方固定収入」、および一定の比率で中央・地方間で分配する「中央・地方調節収入」に分類するものである。税収の帰属と徴税主体を明確化することで、財政の制度化と中央政府による財政再分配機能の強化を図ろうとした。さらには、財政の支出に関しても、安全保障、外交、国家機構の運営費、地域協調発展の支出などを中央政府の支出区分とし、それ以外を地方政府の支出区分とするという役割分担が定められた。

その結果、特に税収のうち最大の比率を占める増値税（付加価値税）の75％が中央の収入となったこともあって、1994年以降、財政収入全体に占める中央政府の収入は急激に上昇した（図3-4）。

一方で、財政支出に関しては、1994年以降も依然として地方財政支出が中央財政支出を大きく上回っている。これは、中央財政から地方財政へ、補助金などを通じて資金の再配分が行われていることを意味する。ただし分税制の導入当初、中央から地方への財政資金移転のかなりの部分は、地方政府の財政収入が急減した分を補うことを目的に行われた。その内訳も、1993年度の各省の付加価値税・消費税収を基準額として、それに毎年の税増収分を加味した金額（税収の増加分の3割）が中央財政から地方に返還される「税収返還」が中心であったため、必ずしも地方間の財政格差を是正するものではなかった。

分税制の下で、中央政府による財政を通じた再分配機能が高まるのは、1990年代末以降、「移転支払い」という日本の地方交付金に似た形での地方への財政移転が制度化されてからである。特に2002年以降、地域の発展水準や、自然条件・民族居住状況などの社会・経済的条件に基づいて、より客観的に地域間の財政力の調整を行うことを目的とした

「財力性移転支払い」制度が整備された結果、再分配機能は高まった。内陸部、特に少数民族が集中して居住し、経済発展が遅れている西部地域への補助金給付額が大きく増加したのである。

内陸部への補助金支出増加にあたっては、その財源を確保するために、それまで地方の固定収入とされていた個人および企業の所得税を、中央と地方で分け合う調節税とする改革も行われた。具体的には、２００２年に地方管轄の企業の所得税、および個人所得税の50％が中央の取り分になり、さらに03年にはその比率が60％に修正され、より多くの税収が中央政府にもたらされることになった。

地域協調発展と西部大開発

１９９０年代後半以降、財政制度の改革を通じた中央政府の再分配機能の強化を背景に、中国政府は「地域協調発展」へと発展戦略をシフトさせる。この発展戦略の基本的な考え方は、全国を四大ブロック（東北、沿海、中部、西部）に分割し、それぞれ独自の総合的地域発展戦略をとるというものだった。それを象徴するのが、第10次五カ年計画の主要プロジェクトとして１９９９年に提起された、西部大開発である。

西部地域は、自然的・地理的条件に恵まれず、少数民族が多数居住し教育水準も低いことなどにより、経済発展から取り残されてきた。西部大開発は、インフラの整備や生態環境の保全を積極的に行い、経済発展を促進して、沿海地域との経済格差を縮小することを目指したものである。代表的なプロジェクトとしては、天然ガス開発を通じてエネルギー不足および環境問題の解決を目指した「西気東輸」、農村の貧困対策として、山間部にある耕作地を農民に補助金を与えて手放させ、森林に戻すという環境保全事業の「退耕還林」、標高5000メートルの高原に建設された青海省西寧《せいかい》とチベットのラサを結ぶ青蔵鉄道などがある。

西部大開発では、四川《しせん》、貴州、雲南《うんなん》、陝西《せんせい》、チベット、甘粛《かんしゅく》、青海、寧夏《ねいか》、新疆の西部地域及び重慶の10省区市のほかに、内蒙古および広西の民族自治区、さらに吉林省延辺朝鮮《きつりん》族自治州などもプロジェクトの対象とされ、中央財政からの財政資金あるいは国債の発行を通じたインフラ建設資金が大規模に投入された。これ以降、西部地区に限らず、地域間の資源再分配を目的とした大型の国家プロジェクトがいくつか実行に移されている。

例えば2005年10月の共産党第16期5中全会では、「社会主義の新農村を建設する（新農村建設）」という発展戦略が打ち出され、翌年から実施に移された。これは、農村への大規模なインフラ建設、農業産業化の推進、土地の流動化・集約化、農村金融機関の改革などをパッケージとして行うものである。2014年に提起された「新型都市化（城鎮化）政策」（第4章参照）もその延長線上に位置づけられる政策かもしれない。

このように、「発展の遅れた地域をターゲットとして大型プロジェクトを実施する」というのが、中国の格差是正のやり方であった。それは、確かに全体の格差緩和に効果を上げてきたが、自然状況が極端に悪く、インフラ建設や工場建設の恩恵を受けられない地域の対策は後回しにされてきた。また、第2章で見たように、中国の地方政府は正規の税収のほかに土地使用権の払い下げなど、さまざまな非正規のルートを通じて財政資金の不足を補ってきた。格差是正における公共投資や開発プロジェクトへの依存度の高さが、そういった非正規の財政収入拡大の一因になってきたことは間違いない。

3　中国経済に立ちはだかる「ユーロ圏の罠」?

単一の金融政策と個別の財政政策

地方政府が過剰な債務を抱えるようになった要因は、第2章で見たように、2008年のリーマンショックによる世界金融危機の発生以降、地方政府にその多くを肩代わりさせる形で、「4兆元規模の景気対策」を発動したことにある。その後、中国経済は、固定資産投資に頼る形で潜在的な消費不足を補ってきた。

一方、すでに見てきたように、地域間の財政的な再分配が不十分ななかで、地方政府はさまざまな手段で「自主財源」を捻出しようとしてきた。2008年のリーマンショック以降には、融資プラットフォームに代表されるような、地方政府が必要とする資金を民間企業が肩代わりして借金する、という行為が全国的に広がった。そのことが、地方政府が抱える実質的な債務の拡大というマクロの問題につながっているのである。

中国国内の過剰債務問題について、ユーロ圏と同様のリスクを抱えているのではないか、と警鐘を鳴らす識者もいる。今後の中国経済を待ちかまえているかもしれない「ユーロ圏の罠」とはどのようなものだろうか。この点を検討するために、以下しばらく話をユーロ圏の経済が抱えている問題点に移すことにしたい。

EU加盟国のなかの19ヵ国からなるユーロ圏では、金融政策に関しては統一通貨ユーロを発行する欧州中央銀行(ECB)が行うものの、財政の運営は各国の政府が独立して行うという、「単一の金融政策、各国独自の財政政策」というマクロ経済政策の組み合わせが採用されている。しかし、ユーロ危機やEUの金融政策に詳しい竹森俊平によれば、このような金融政策と財政政策の組み合わせは、以下に見るように政策運営上、根本的な問題を含んでいる。

まず前提として、統一通貨の下では、各国がそれぞれの経済状況に合わせて自由に金融政策を行うことが不可能になる。そして、域内の中央銀行であるECBはドイツやフランスといった経済大国の状況に適合的な、相対的な高金利を採用する傾向があるため、経済基盤が脆弱で構造的な失業問題を抱える「周辺国」はより厳しい政策運営を強いられることになる。

具体的には、「周辺国」は自国の不況や失業問題への対策のために、どうしても拡張的な財政政策に頼らざるを得なくなる。ギリシャのようなEUの「周辺国」の債務危機が顕在化した背景には、もともと財政規律が緩いというだけでなく、ユーロ圏の下で金融政策を縛られたため、財政政策に過度な負担がかかったという事情がある。

通常のケースでは、「周辺国」が拡張的な財政政策を行うために、国債の中央銀行引き受けなどを通じその債務を貨幣化（貨幣の発行増によって債務を消化すること）しようとすると、ただちに自国通貨への信頼が失われ、国内におけるインフレーションの昂進と、通貨価値の暴落がもたらされることになる。

しかしながら、ユーロ圏のように、経済基盤の脆弱な「周辺国」がドイツやフランスなど経済規模の大きな国々と統一通貨圏を構成している場合は、事情が違ってくる。ユーロ圏におけるギリシャのような「周辺国」が自国経済を支えるために財政支出を増大させ、それを賄うために国債を発行した場合、それを域内の中央銀行であるＥＣＢが引き受けたとしても、それによって通貨価値が大きく減少する心配はないからだ。

しかし、そこには大きな落とし穴がある。一つは、先ほども述べたように、統一通貨ユーロの下では独自の金融政策がとれないので、ギリシャのような「周辺国」ほど財政に過度な負担がかかりがちであること。もう一つは、本来はリスクが高いはずの周辺国の国債が、通貨統合によって投資家にとってリスクが低いものと認識され、その発行が容易になってしまったことである。言い換えれば、ドイツやフランスなどEUの中心国の金融機関の資金が、「周辺国」の国債や株式などに流れ込むようになったのである。

この二つの要因により、ただでさえ財政規律が失われがちな「周辺国」の債務が膨らんでいったのが、2009年のギリシャの債務危機に端を発する、いわゆるユーロ危機の背景であった。

ユーロ圏の制度設計と現実

もちろん、このような懸念は単一通貨ユーロが発足する際に十分議論され、認識されていた。そのため、欧州中央銀行には個別政府の救済禁止、すなわち、各国の国債を直接引き受けることを厳しく禁じたほか、政策目標として物価の安定が義務づけられた。個別の国家の債務を貨幣化することで、金融政策が過度に緩和されないように縛りがかけられたのである。同時に、ユーロ加盟の条件を定めたマーストリヒト条約では、各国の政府は財政赤字をGDPの3%基準以内に収めるという、財政規律の厳格な適用が求められた。金融政策と財政政策におけるルールを明文化することで、「単一の金融政策、各国独自の財政政策」という組み合わせからくる前記のジレンマを回避できると考えられたからこそ、ユーロは現実に誕生しえたのである。

しかしながら、2009年から10年にかけて顕在化した世界的な金融危機後のギリシャの財政破綻、さらにはポルトガル、スペイン、アイルランドなどにおける同様の財政危機の発生は、このような規律を実際に守ることがいかに困難であるか、ということを端的に露呈した。現在のユーロ圏の政策的な枠組みでは、各国がGDP比3％を超えて財政赤字を拡大させることに歯止めをかける有効な手段が存在しないこと、また経済状態が良好であれば問題はさほど表面化しないものの、いったん経済危機に見舞われると、財政収支の悪化はたちまち域内の経済全体を揺るがす問題に発展すること、などが明らかになったのである。

このような状況を解消するためには、理論的にはギリシャのような債務危機に陥った「周辺国」に対し財政赤字を削減するような緊縮財政を課すか、あるいは現在の通貨同盟を、ユーロ域内でギリシャの債務を肩代わりするような「財政支援同盟」へと転化させる、つまり金融政策だけでなく財政政策も統合させる方向に向かうか、どちらかしかない。

しかし、後者のような選択肢はドイツのような、あくまでも健全な財政運営にこだわる国家にとって受け入れられるものではなかった。また前者のような緊縮財政は、単にギリシャ国内の激しい反発を招くだけではなく、「周辺国」の財政規律が失われがちだというユーロ圏の構造的な問題を不問にしたまま、負担を「周辺国」に押し付けることになる。こうしたやり方には、明らかに限界があった。すなわち、欧州統合に深刻な打撃を与えた一連のユーロ危機は、明らかに「単一の金融政策、各国独自の財政政策」という域内における経済政策の制度設計ミスに、その根本的な原因があったというわけだ。

その後、欧州中央銀行のドラギ総裁の拡張的な金融政策によって、ユーロ圏には十分な流動性が供給されたため、ユーロ圏では銀行の連鎖倒産などの金融危機は起きていない。その一方で、「単一の金融政策、各国独自の財政政策」がもたらすユーロ圏の構造的な矛盾はくすぶり続けている。2015年には債務救済の条件としてギリシャに課せられた緊縮政策が、チプラス左派政権の下で行われた国民投票によって否決されたことは記憶に新しい。しかし、ギリシャの財政危機として理解されている問題の根幹にあるのは、このような制度設計の問題なのだ。

内陸部の省は「中国のギリシャ」

さて、ユーロ圏の国々とは異なり、単一の政府が財政・金融政策を担ってきた中国で、このような問題はまず生じないように見える。しかし、中国では財政政策について必ずしも中央政府の一元的なコントロールが機能してきたわけではない。すでに見たように、1980年代から中央政府の管理が及ばない「予算外資金」と呼ばれる「別金庫」の存在を通じて、各地方政府は中央のコントロールを逃れ、柔軟に財政支出を増やしていた。すなわち独自の財政政策を行う余地があった。また、リーマンショック後の大規模な景気刺激策の実施は、地方政府が相次いで「融資プラットフォーム」と呼ばれるダミー会社を設立し、インフラ建設や国有企業の設備投資に必要な財政資金を銀行融資を通じて調達する、という状況をもたらした。

さらに、融資プラットフォームが各地方政府の「隠れ債務」を拡大させていることが問題になると、中国政府は地方政府の地方債の自主発行を本格的に認め、プラットフォームを通じた債務の政府債務による「置き換え」を進める方針に転じた。実はここに「ユーロ圏の罠」が現実のものとなるリスクが潜んでいる。上海交通大学の陸銘（LU, Ming）が指摘するように、各省の一人当たり所得が低い省ほど、GDPに対する債務残高の比率が高い傾向にあるからだ。この現象はユーロ圏と同じく、経済成長が相対的に遅れ、税収が不足しがちな地域ほど地方債発行の制約がルーズになり、全体として政府債務が過大になる傾向を示すものだと陸は警鐘を鳴らしている。確かに、各省の債務残高の対GDP比と一人当たりGDPの関係を表示してみると、両者には明らかに負の相関があることがわかる（図3-5）。例え

図3－5　各省の債務残高と一人当たりGDP（2016年）

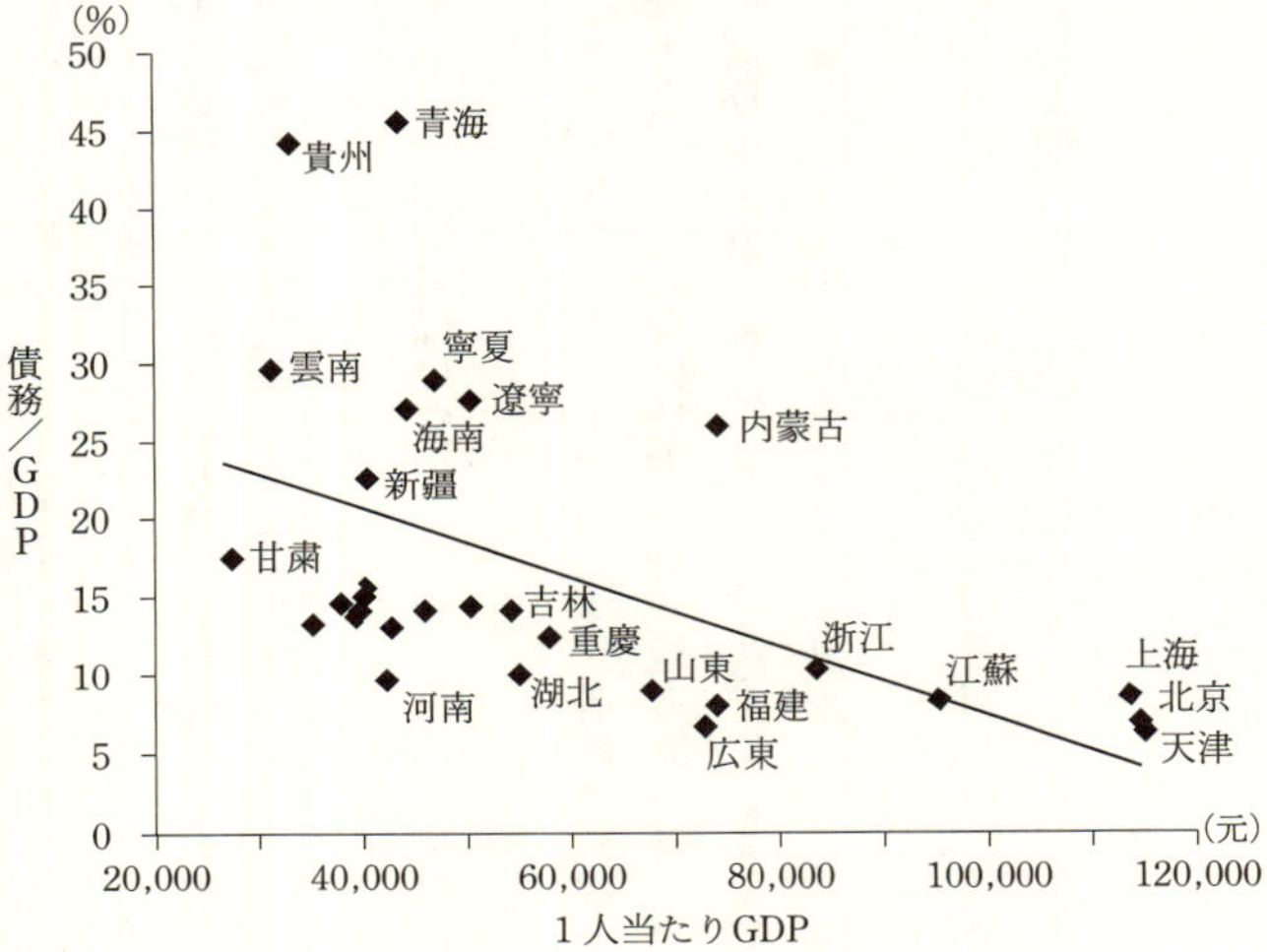

出所：CEIC Data

ば、GDPに占める債務の比率が突出して高い貴州省や青海省は、さしずめ「中国のギリシャ」だというわけだ。

貴州省など内陸部の省の債務比率が高い原因に、高い投資率があることは間違いない。2016年の公式統計によれば、GDPのうち国内投資（在庫投資含む）が占める比率（粗投資率）は44・2%に達している。日本が高度経済成長期にあり、粗投資率が最も高かった時期でも35%程度だったことを考えると、中国全体で投資が過剰な状態にあることは明らかである。問題は、投資依存度の高さがより深刻なのは、本来財源に

図3－6　各省の粗投資率（2016年）

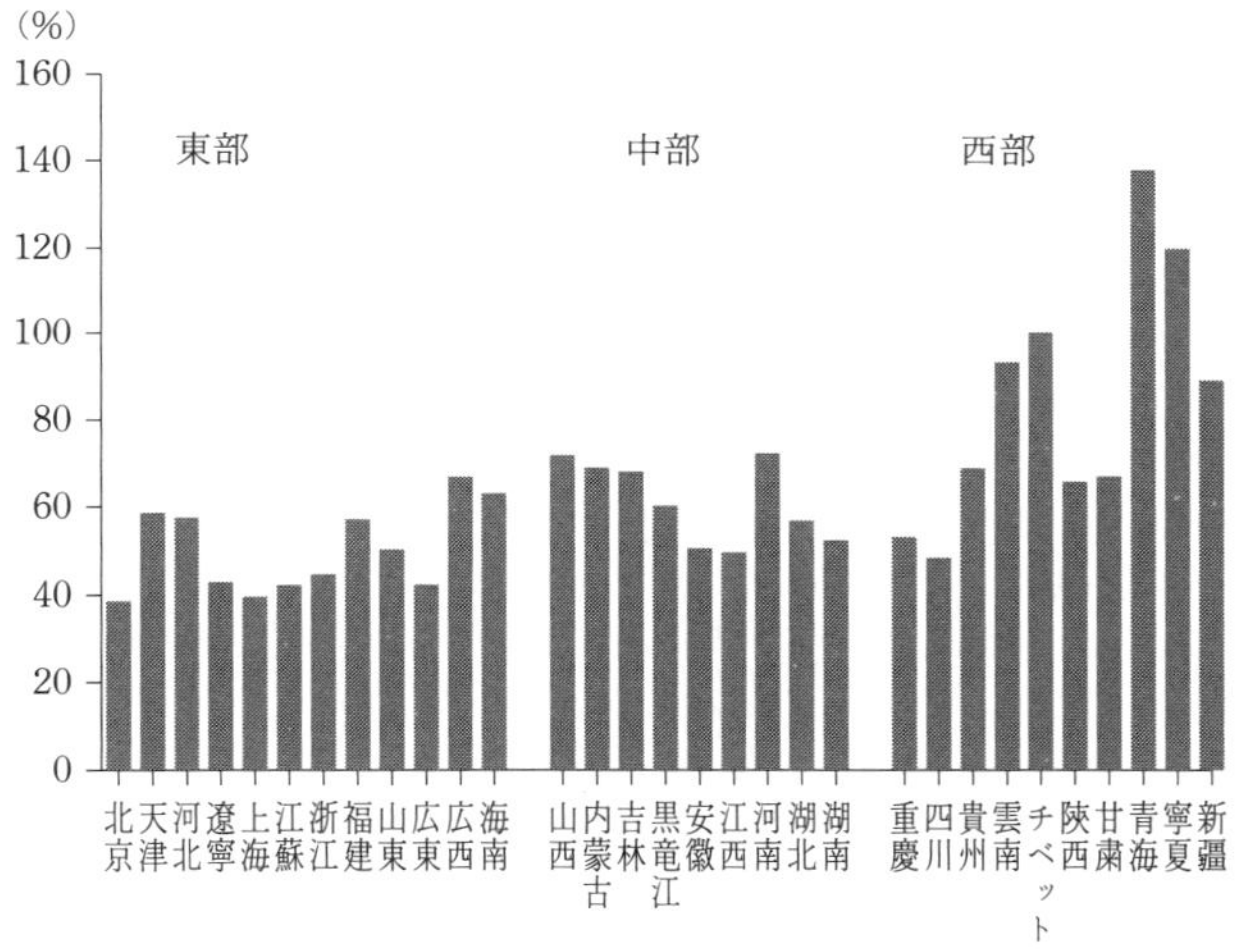

出所：国家統計局編『中国統計年鑑』中国統計出版社（2017年）

乏しいはずの内陸部のほうだという点である。例えば2016年に粗投資率が80%を超えている省・自治区は、全国で雲南、青海、チベット、寧夏、新疆の5つもある。このうちチベット、寧夏と青海は100%を超えている。これは、投資の大部分が中央からの補助金で、外の省から資本を購入することに充てられているためだ（図3－6）。

中央―地方関係のジレンマ

融資プラットフォームなどを通じた民間債務の拡大とそれに伴うリスクに対応するため、中央政府が地方政府の資金調達を市場メカニズムによって規律づける方向に舵を切ったことは、第2章で見た通りだ。

しかし、地方債の発行やPPP方式による地方財政の規律化の前途は多難である。2017年になり金融政策が引き締めに転じ、債券市場や銀行間市場の金利が高騰すると、証券会社による債券の偽造取引問題が相次いで発生するなど、債券市場のリスクが顕在化した。同年6月末までの社債発行額は前年の半分程度に落ち込んだほか、前述のような中央政府の地方政府債務のコントロール強化もあいまって、地方債の発行も停滞気味である。また、PPP方式についても民間企業の「出資」という形をとりつつ、実際は後で地方政府によって「返済」されることが約束されており、実質的に地方政府による借金を可能にする「打出の小槌」になっているのではないか、という懸念が広がっている。河南省、雲南省、貴州省など、財政収入が不足気味の内陸部の地域が、PPPを通じたプロジェクト実施総額の上位を占めていることも、健全性に疑問が投げかけられる要因の一つになっている。

このような状況を受けて、2017年に国務院は相次いで行政文書を発表し、PPP方式に適さないプロジェクトなどを定義し、規制を強める方針を明らかにしている。また、地方政府が公開入札や外部委託を通じて、公共サービスを企業などに代行してもらう「政府購買サービス」という官民協力の形式でも、規制が強化されているという。すなわち、地方政府による債務の拡大が中国経済の不安定化をもたらすリスクと認めた上で、中央政府はそれを肩代わりすることを拒絶し、ハードな予算制約を課す姿勢を改めて明らかにしている。

　広大で多様な国土を抱える中国においては、中央政権が地方の自主性にある程度任せなければ、経済政策のスムーズな運用ができない一方、権限をゆだねすぎると地域間格差の拡大や社会的分裂の可能性が出てくるというジレンマが常に存在していた。リーマンショック後の中国政府は、市場メカニズムを通じた規律づけという手段を積極的に導入することで、地方政府の牽引力を生かしつつ、それをより間接的な手段でコントロールすることで、ジレンマの解消を目指してきた。しかし、ここにきて地方債やPPPのリスクが表面化していることは、伝統的に続いてきた中央―地方関係のあり方を脱することの難しさを、改めて示しているといえるだろう。

　地域間の経済格差がいわば「埋め込まれた」状況のなかで、はたして中国は事実上の「単一の金融政策、バラバラの財政政策」の状態を解消し、「ユーロ圏の罠」を脱することができるのか。もちろんユーロ圏とは異なり、各省には中国から離脱したり独自の地域通貨を発行したりする選択肢は存在しない。そこで重要になってくるのは、ユーロ圏でも指摘されていたように、地域間の労働力の流動化を進めることで、財政や金融といった「マネーの移動」だけではなく、「人の移動」によって、各地域間の経済状態を調整することだろう。だが、そこには農村と都市の二重構造や戸籍制度という、これも中国が伝統的に抱える問題が立ちはだかることになる。この点については、次章で詳しく検討したい。

参考文献

（日本語）

遠藤乾（2016）『欧州複合危機—苦悶するEU、揺れる世界』中公新書

梶谷懐（2011）『「壁と卵」の現代中国論—リスク社会化する超大国とどう向き合うか』人文書院

梶谷懐・藤井大輔編（2018）『現代中国経済論［第2版］』シリーズ・現代の世界経済2』ミネルヴァ書房

加藤弘之（2003）『シリーズ現代中国経済6　地域の発展』名古屋大学出版会

園田茂人（2008）『不平等国家中国—自己否定した社会主義のゆくえ』中公新書

竹森俊平（2010）『中央銀行は闘う—資本主義を救えるか』日本経済新聞出版社

竹森俊平（2012）『ユーロ破綻—そしてドイツだけが残った』日経プレミアシリーズ

ピケティ，トマ（2014）『21世紀の資本』山形浩生・守岡桜・森本正史訳、みすず書房

星野真（2013）「地域経済格差」（上垣彰・田畑伸一郎編『ユーラシア地域大国論　第1巻　ユーラシア地域大国の持続的経済発展』第6章、ミネルヴァ書房）

星野真（２０１３）「縮小した中国の地域所得格差」『読売新聞』WASEDA ONLINE（http://www.yomiuri.co.jp/adv/wol/opinion/international_130812.html）
丸川知雄（２０１３）『現代中国経済』有斐閣アルマ
丸川知雄・梶谷懐（２０１５）『超大国・中国のゆくえ４　経済大国化の軋みとインパクト』東京大学出版会
（中国語）
王小魯（２０１３）「灰色収入与国民収入分配―２０１３年報告摘要」『王小魯博客』（http://wangxiaolu.blog.caixin.com/archives/61797）
張春泥（２０１４）「北京大学中国社会科学調査中心召開『中国民生発展報告２０１４』新書発布会」中国家庭追跡調査ウェブサイト（http://www.isss. pku. edu.cn/cfps/xinwen/News/2014/2014-07-27/231.html）
（英語）
Lu, Ming（2016）, "How China Can Avoid Eurozone-Style Debt Crisis," Sixth Tone, May 04.（http://www.sixthtone.com/news/794/playing-fire-china-teeters-edge-debt-crisis）
Piketty,Thomas, Yang, Li and Gabriel Zucman（2017）, "Capital Accumulation, Private Property and Rising Inequality in China 1978-2015," *NBER Working Paper Series*, No.23368.

第4章　農民工はどこへ行くのか——知られざる中国の労働問題

1　中国の労働市場と農民工

中国が無理な投資に頼ってまで高成長を堅持しなければならない要因として、成長率が低下すると都市における失業率が上昇し、社会の不安定化につながる、というリスクが指摘されてきた。その背景には、1980年代の東欧で生じたように、都市経済、特に国有企業などで大規模なストやデモなどの労働争議が生じるならば、現体制に影響を与えかねない、という政府当局の懸念があると考えられる。

一方で、中国の労働問題を考えるときに、都市と農村の間における制度的な格差の問題を避けて通ることはできない。特に両者を隔てる中国特有の戸籍制度の存在は、労働市場にも大きなゆがみをもたらしてきた。農村の余剰労働力の枯渇、いわゆるルイスの転換点をめぐる問題も、戸籍制度や土地制度をはじめとした都市と農村間の格差の問題として理解する必要がある。中国政府は、「新型都市化政策」の推進によって、労働市場のゆがみや農村からの出稼ぎ労働者（農民工）に対する雇用面の差別の問題を解決しようと試みているが、はたしてそれは可能なのだろうか。以下、詳しく見ていくことにしたい。

国有企業改革と失業率

まず、中国の都市部失業率の話から始めよう。中国の失業者に関する公式統計である登録失業率は2017年で3・9％（失業者、約1270万人）である。この数字は、この10年ほどほぼ4％の水準で推移してきており、景気変動の影響をほとんど受けていない。ただし、この登録失業率は、政府に申告した「登録失業者」のみを失業者としてカウントしており、さらには農村からの出稼ぎ者（農民工）も含んでおらず、かなり過少に評価されていることがこれまで指摘されてきた。

一方、実態により近い失業率の数字としては、5年に1回行われる人口センサスの結果から得られたものがある。**図4-1**は、その人口センサスの結果に基づいて推計された失業者数をベースに、都市失業率の推移を示したものである。それによると、ピーク時の2002

図４－１　中国の都市失業率の推移

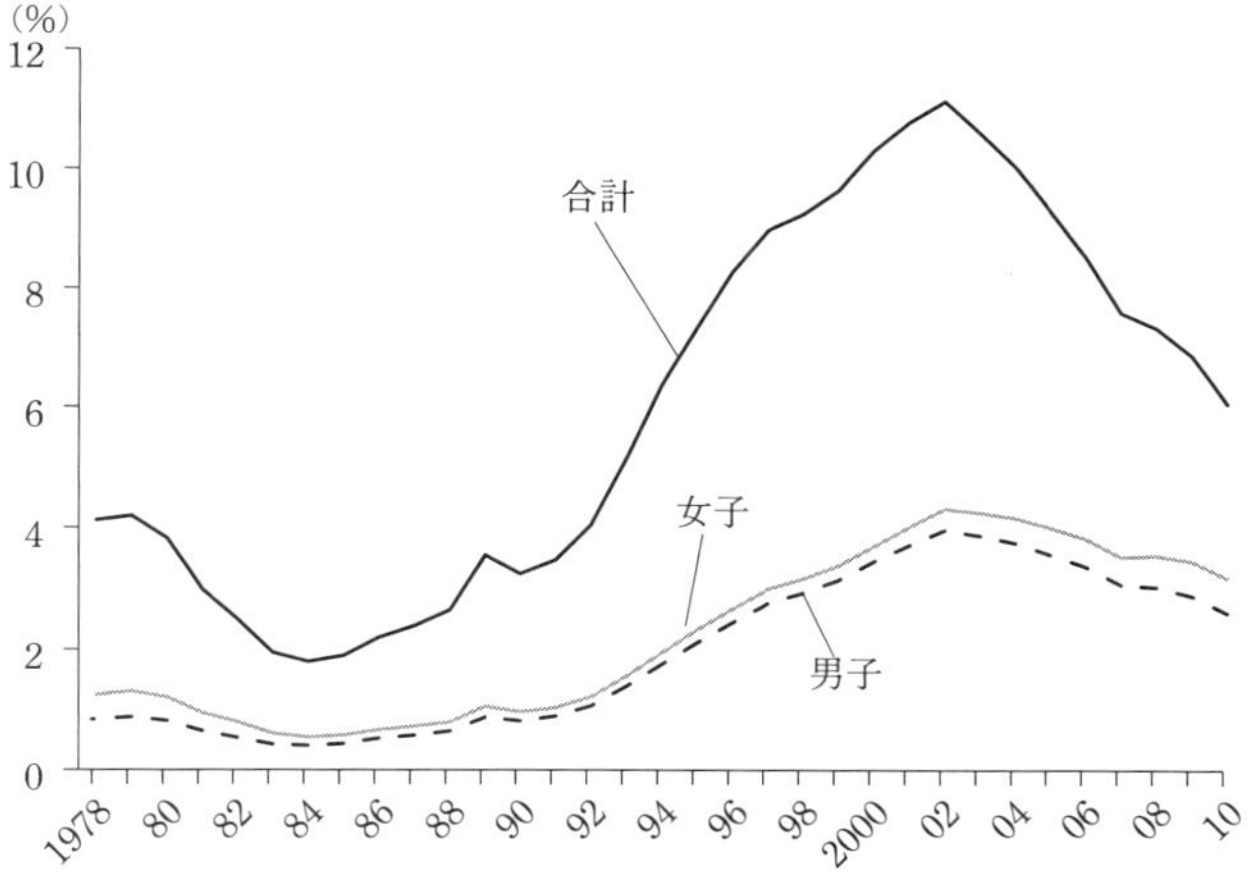

注：「男子」および「女子」のグラフは、それぞれの失業者数を農村人口も含めた総労働人口で割ったもの。「合計」は男女合計の失業者数を都市労働人口で割ったもの
出所：南亮進・牧野文夫編『アジア長期経済統計　3　中国』東洋経済新報社

年には、男女合計の失業率は11・14％と10％を超える水準を記録したこと、その後、失業率は急速に減少していることがわかる。また、都市部失業率の推移を男女別（対都市労働者）で見ると、女性のほうが一貫して男性を上回っていることもわかる。

これらの背景として重要なのが、国有企業の余剰人員とそのリストラの動向である。というのも、図４－１に見られる失業率動向、特に１９９０年代後半以降の急増と急減や、男女間の失業率のギャップなどは、国有企業改革でリストラされた失業者の動向によって、ほぼ説明できるからだ。

ここで、これまでの国有企業改革の歴史を簡単に振り返っておこう。

計画経済時代の中国社会において、国有企業は職場ではなく、教育・医療・住宅などさまざまな福利厚生を提供する、いわゆる「単位社会」(「単位」は中国語で「職場」を意味する)を形成していた。しかし、改革開放以降の「市場経済化」の進展により、経営者の自主権が欠如し所有権が曖昧で、利益の追求が十分に行われない点が問題視された。

中国で国有企業改革が本格的に始動したのは、農村における人民公社の解体が一段落した1980年代半ばのことである。当初の国有企業改革は、所有権には直接手をつけず、経営自主権とインセンティブの拡大によって生産の拡大を図る「放権譲利改革」が行われた。これにより国有企業の生産性は改善されたが、企業利益が成長のための投資資金よりも、従業員や経営者への支払いに優先的に充てられるという「インサイダー・コントロール(経営者や労働者など企業の「内部者」の利益を優先させた経営を行うこと)」の問題が生じた。そこで、1990年代後半の改革の第二段階では、国有企業の株式化、売却、グループ化などを行い、所有権を明確にした「現代企業制度」の下で、内部者支配に陥らないコーポレートガバナンスの実現を目指す「所有権改革」が本格化していった。

特に第二段階の所有権改革以降、国有企業は旧来の「単位社会」を解体させる形での改革・リストラを余儀なくされた。国有企業のリストラにより職場を離れることを「下崗《シャーガン》」という。「下崗」は、離職後も再就職先が見つかるまで一定額の生活保障が支払われるなど、元の職場との関係が持続するという点で完全な失業とは異なるが、いったん「下崗」されると元の職場に復帰する可能性はほとんどない。そのため、「下崗」の大量発生は、政府による社会保障制度が未整備だった当時、大きな社会問題となった。図4-1に見るように、1990年代後半から2002年前後にかけて失業率が急上昇し、国有企業改革が一段落すると下落しているが、この動きは「下崗」された労働者数の変動によってほぼ説明がつく。また同図で、女性の失業率が男性のそれを上回っているが、これは再就職の困難な中高年の女性が真っ先に「下崗」の対象となったことを示している。

戸籍制度と労働市場のゆがみ

中国の労働問題を語る際の背景としてもう一つ重要なのは、労働市場のゆがみである。特に、農民と都市住民との間に制度的な差別を設ける「戸籍（戸口）制度」の存在により、出稼ぎ労働者を待遇面で差別することで、労働市場におけるミスマッチが生じてきた。

1958年、人民公社による農業集団化が行われるなかで、農民の都市への逃亡を禁止するため「戸口登記条例」が公布された。以降、計画経済時代の中国では、「戸籍（戸口）制度」が人々の生活・移動を管理し、充実した社会福利の供給を都市住民に限定するなどの管理の手段として機能してきた。特に、農村から都市への人口移動を管理するため、農村戸籍と都市戸籍の間には厳格な区別が設けられた。その後、改革開放によって戸籍制度は次第に緩和され、それに伴い農村から都市への出稼ぎ労働者、いわゆる農民工が増加した。

しかし、仕事の内容や教育や社会保障などの面で、依然として都市住民との間の差別は残っており(「二等公民」)、彼らの基本的人権の保障とともに戸籍制度のいっそうの緩和が課題となっている。

このような戸籍制度がもたらす労働市場のゆがみが解消されれば、国有企業改革のリストラや経済成長率の低下に伴い予想される、都市における失業問題の深刻化も緩和されると指摘する専門家も多い。

2015年7月、ラファエル・ラムらIMFの研究グループが「『新常態』における中国の労働市場」と題した論文を発表した。米『ウォールストリート・ジャーナル』紙にその内容を紹介する記事が掲載されると、中国語にも翻訳されて中国国内のサイトに転載され、政府統計ではわからない中国の労働市場や失業の現状を明らかにするものとして注目を集めた。

ラムらは、中国の都市失業問題がそれほど深刻化してこなかったのは、余剰労働力を抱える国有部門、そして景気に応じて変動する農民工の流入、という二つの「クッション」の存在が大きかったとする。ただ、経済構造および人口構成の変化により、この二つのクッションはもはや機能しなくなっており、今後の「新常態」における成長率の低下により失業問題が深刻化する可能性を指摘している。彼らは同時に、今後、低スキルの労働者に安定的な雇用を確保する上で最も有効なのはサービス産業の拡大だ、とした上で、セクター間や地域間の労働移動を活発化させるような経済改革が必要だとする。

彼らは、今後の労働市場の動向について二つのシナリオを示している。第一のシナリオは、農民工への社会保障の充実や戸籍制度の改革、非効率な融資の抑制、サービス部門の対外開放など、必要な改革が順調に実施されるというものである。そして、それらの改革が停滞した場合が第二のシナリオである。

第一のシナリオでは、経済成長率は今後数年間6％台に低下し、失業率もいったん上昇する。しかし改革の結果、サービス部門のGDPに占める比率が拡大して労働者を吸収するために、その後は失業率の拡大が抑えられ、安定的に推移する。一方、改革が停滞する第二のシナリオでは、数年間は成長率7％がキープされ、失業率も現状維持されるものの、産業構造の転換が進まず、2017年ごろから失業率も急上昇を始め、20年には7％台にまで達する可能性がある、と指摘している。

今までのところ中国の都市部で、前記の「第二のシナリオ」が想定したような失業率の急上昇は生じていない。だが、そのことははたして「第一のシナリオ」が想定するように、農民工への社会保障の充実や戸籍制度の改革が順調に進んだことを意味するのだろうか。

2　ルイスの転換点と新型都市化政策

中国は「ルイスの転換点」を迎えたか

近年、中国の大都市では単純労働賃金の急上昇とともに、「民工荒」、すなわち農村出身の非熟練労働者が不足するという現象が生じている。これを受けて、中国の農村ではすでに余剰労働力が枯渇した状態、いわゆる「ルイスの転換点」を迎えており、これまでのように農村から低賃金労働力が無制限に供給される状況は終焉《しゅうえん》した、という議論が国内外を問わず盛んになされるようになった。

まず、議論の背景になっている「ルイスモデル」について簡単に説明しておこう。開発経済学の草分け的存在であるアーサー・ルイスは、発展途上国の経済を（a）限界労働生産性（労働力投入を一単位増やしたときの生産の増加分。通常は生産量に応じて低下していく）が非常に低く、「生存水準」ぎりぎりで生活している伝統的な農業部門と、（b）賃金水準が限界労働生産性に等しい水準に決まる近代的な工業部門、という二重構造を持つものとして理解することを主張した。このような「二重経済」の下で、近代＝工業部門における賃金が伝統＝農業部門の「生存水準」を少しでも上回っていれば、後者から前者へのほぼ無制限の労働力移動が生じることになる。

ルイスは、生産性の低い伝統＝農業部門から近代＝工業部門への労働力の移動がスムーズに行われることが、農村部に人口を多く抱えた途上国が経済発展を行うために、不可欠だと主張した。

しかし、労働力移動が持続的に生じ、やがて伝統＝農業部門での労働に従事する労働力が不足してくると、その収入は「生存水準」を次第に上回っていき、工業部門もそれまでのような低賃金で労働者を雇うことができなくなる。このような変化が生じるのが、いわゆる「ルイスの転換点」である。

中国が「ルイスの転換点」を迎えたかどうかについては、２０１０年前後に活発な論争が繰り広げられた。

中国が「ルイスの転換点」を迎えつつあるという主張を積極的に展開したのが、中国社会科学院の蔡昉である。蔡は、中国の農村における就業人口約４億８５００万人のうち、出稼ぎをしている者や地元の郷鎮企業、自営業などで就業している労働者数を２億人から２億３２００万人と見積もり、残りの就業者数と農業・牧畜業に必要な労働力数（５７０億日・人

／250日として計算）とを比較した。その結果、2005年における「農村余剰労働力」は少なく見積もった場合2500万人程度にすぎず、すでに「ルイスの転換点」に近いという議論を行った（蔡・王、2007）。

ただ、蔡の議論に対しては、その農業・牧畜業に必要な労働力数の推計が恣意的であるとして多くの批判が行われた。

例えば一橋大学の南亮進と馬欣欣は、①省ごとに集計されたデータから農業の生産関数を推計し、②そこで求められる労働限界生産力と生存水準が一致する（ルイスの転換点を保証する）農業労働力（均衡労働力）と、実際の農業労働力の差を求める、という手法によって農村の余剰労働力を求めた。その結果、推計に用いられるデータや手法によってバラツキが大きいものの、中国農村の余剰労働力率について、1998年から2002年までは25・5〜70・3％、2002年から08年まではマイナス0・7〜プラス63・7％と推計している。南らは、過剰労働力には明らかな低下傾向が見られるものの、2008年時点ではまだ労働の限界生産力は農民の生存水準を下回っており、かなりの過剰労働力が存在している可能性が高いと結論づけている。

また、丸川知雄は、四川省の農村における土地流動化と余剰労働力との関係に注目した。そして、四川省のいくつかの農村における農業の限界労働生産性が、彼（女）らが都市の工業部門などに出稼ぎを行ったときに受け取ることができる賃金を大幅に下回っており、「余剰労働力」が存在してもおかしくない状況にあることを示した。それにもかかわらず、出稼ぎなどを行わず、農業を続ける農家が一定数存在するのは、各農家が農業労働従事者だけではなく、土地（経営権）の保有者としての側面もあわせ持つからだとした。

ハウスホールド・モデルの考え方

丸川の提起した問題を考えるにあたっては、途上国で家族経営農業を行う農家の行動を分析するための標準的な手法である「ハウスホールド・モデル」が有用である。農家は、固定資本（土地）と流動資本を投入して利益最大化を図る、土地経営者あるいは企業家としての側面を持ちながら、同時に労働者／消費者として、余暇と労働時間の間でバランスをとりながら、効用最大化を図る存在でもある。この両面を考えることにより、農家の経済行動を合理的に説明しよう、というのがハウスホールド・モデルの基本的な考え方である。

ハウスホールド・モデルが示唆するように、中国における家族経営農家の収入には、労働に対する報酬のほかに、地代すなわち「土地経営者」としての収入も含まれているはずである。そして、この地代収入分は、農家が一定の土地資産を保有していることによって生じるものであり、もし土地市場が発達していれば、その土地を他人に貸し出すことを通じても、同様の収入が得られるはずである。

しかし、よく知られているように、中国において土地は原則として公有制であり、農民は人数に応じて一定面積の農地の「請負権（経営権）」を地方政府から割り当てられるものの、その請負権を自由に売ったり貸し出したり、あるいは農業以外の目的に使用することが、最近まで制度的に認められていなかった。近年になって、政府および共産党は、農地の流動性を容認するだけではなく、むしろ積極的に推進するための政策を相次いで打ち出してはいるが、現在のところそのような市場を通じた土地経営権の流通は完全に自由に行われているわけではない。

このように、土地経営権の市場を通じた取引が未発達な状態にあるなら、農家が出稼ぎなどで離村する場合には、それまで自分で耕作することで得ていた地代収入のほとんどを放棄せざるを得ない。実際、筆者自身が訪問調査を行った四川省のいくつかの農村においても、農民が出稼ぎなどで村を離れる際には、ほとんどが親戚などに無料で土地を提供しており、「市場を通じた流通」が行われているとは、とてもいえない状況にあった。このような状況では、たとえ都市部の賃金が農業の限界労働生産性（農業労働に対する「報酬」）を大きく上回っていたとしても、それが地代収入を十分にカバーできなければ、それまで耕作していた土地を手放してまで農家が出稼ぎに行くことはない、と考えられる。

擬似的な転換点

以上のような分析を通じて丸川は、2005年ごろから顕著になった、農村から都市への出稼ぎ労働の急減（いわゆる「民工荒」）は、現行の中国の土地・戸籍制度が農家の行動に強い制約を与えている状況で生じた「擬似的な転換点」にすぎない、と結論づけている。内陸部の農民が置かれた現状は、農業でも十分豊かな生活ができるため喜んで農村に残っている、というよりは、本来は土地資源をしかるべき対価で処分して都市で働いたほうが多くの収入が得られるのに、それができないため、次善の策として農業を続けている人々が多いと考えられるからだ。

また、離村したり非農業就労に転じたりする際に、残った家族内で耕作することが可能か、という視点も重要である。まず、出稼ぎに行くために離村した者に割り当てられた請負権の分まで、残った家族が耕作するケースを考えよう。この場合、外部の土地取引市場が存在しなかったとしても、土地を手放すことの「損失」が存在しないので、保有している土地資源の多寡が就業行動に影響を与えることはないはずである。

しかし、世帯内で土地を請け負い、農業を続けるか否かの決定権を握った個人（多くの場合は世帯主）の場合は話が違ってくる。彼（女）らが現在耕作している土地はその広さや生

図4－2　深圳市における最低賃金の動向

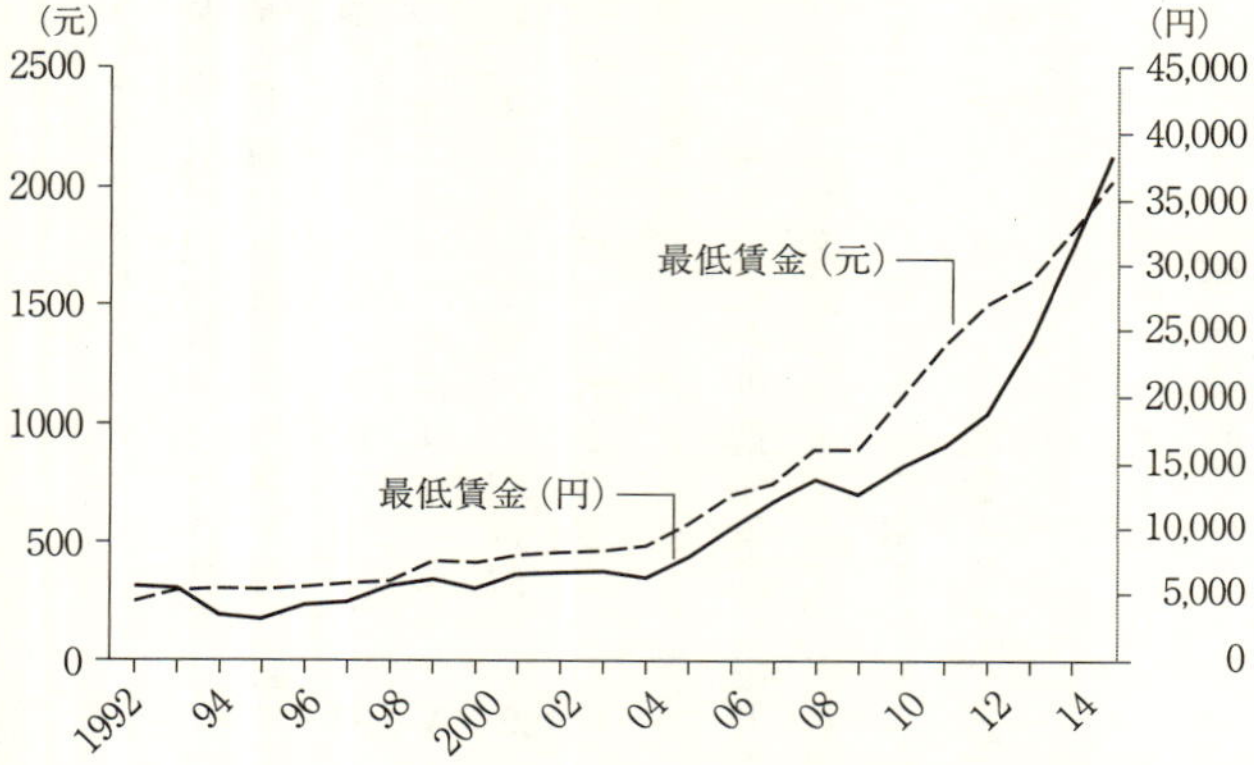

出所：「中国主要都市の最低賃金推移」三菱東京UFJ銀行（http://www.bk.mufg.jp/report/chi200403/316082401.pdf）などより作成

産性に応じて、就労選択行動に強い影響を及ぼす。すなわち、世帯主が出稼ぎする際には外部の土地市場を利用しなければならず、土地市場が不完全であれば、その農家が保有している土地資源が出稼ぎへの制約条件として働くと予想されるからだ。

実際、２００６～09年に四川省および浙江省の三つの農村で行われた農家調査のデータを用いた、筆者と小原江里香による実証研究でも、農家の耕作する土地の面積は、世帯主の非農業就労の選択に負の影響を与えている一方、それ以外の家族成員の就労行動には影響を与えていないことが明らかになっている（梶谷・小原、２０１１）。

さて、**図4-2**が示すように、深圳市など大都市の最低賃金は１９９０年代初頭から2

005年前後までほとんど横ばいであったが、それ以降急上昇している。この賃金の動向を見る限り、中国経済はすでに「転換点」を迎えたと考えるのが自然であろう。それでも、ハウスホールド・モデルが示すように、土地制度や戸籍制度などの改革が進めば、農村から都市への移住に慎重だった人々（世帯主）が、農業部門から工業あるいはサービス部門へと移動する余地がある、という見方にも一定の説得力がある。ただ、そのような制度改革は、中国において長らく続いてきた農村―都市の二元制自体に根本的な見直しを迫るものであり、実現にはさまざまな困難が伴う。

その意味では、中国経済がルイスの転換点を迎えたかどうか、というややテクニカルな問題よりも、制度改革がスムーズに進みつつあるのか、という問題のほうが重要である。そのなかでも特に重要なのは土地制度改革、特に農地の非農業転用にあたって、政府と農民との権利および利益をどのように配分するか、という問題である。それは、いわゆる「新型都市化政策」の成否に直接関わる問題でもある。

新型都市化政策とは何か

これまで見てきた農民工をめぐる問題に代表されるように、中国社会では都市―農村間で戸籍に代表される制度上の分断が長らく生じていた。制度上の差別を解消し、農民および農民工に都市住民なみの社会保障や住居などを提供することは、喫緊の課題である。その実現を目指すのが、現政権が掲げる新型都市化（城鎮化）政策である。この新型都市化政策には、「農村を開発して中小規模の都市を創設する」と同時に、「農民（工）の市民化」を通じて中間層を拡大し、肥大化した国内投資（第1章参照）に代わる、需要面での成長のエンジンを創出するという意味合いもある。

中国語で「都市化」を意味する言葉には「城市化」と「城鎮化」の二つがある。このうち「城市化」は、広大な国土にどのように大都市を配置するか、という国土開発戦略を表す言葉として用いられる場合が多い。それに対して「城鎮化」には、農村と都市の格差問題を解決し、都市における農民工の厚生水準を高めるといった、中国独自の文脈における公正さの追求、というニュアンスが込められている。

このため、「城鎮化」の実施にあたっては、もともと人口の集中する沿海部の大都市に人口を集めるのではなく、農村部のなかで比較的人口が集中した地域を中小都市として開発し、インフラや社会保障の整備を進めることに重点が置かれる。これは、大都市の規模拡大を抑制し、急速な人口流入による混乱を避けようという毛沢東時代以来の中国政府の方針を反映したものだ。

新型都市化政策に関する政府の「青写真」を示したものが、2014年3月に政府国務院によって発表された「国家新型城鎮化規画（２０１４—２０２０）」という文書である。この文書を見ても、インフラを効率化し投資依存型の経済から脱却するなど、効率性を重視した都市開発を謳う一方で、中小都市の建設を優先させるという「公正さ」に配慮した方針が明確に示されている。

習近平政権は「国家新型城鎮化規画」以外にも、農村と都市の格差解消を目指す制度改革の方針を明確に示してきた。例えば、２０１３年11月の第18期共産党中央委員会第三回全体会議（三中全会）において、土地などに対する農民の財産権を強化し、都市と農村で統一された建設用地の市場を創設する方針が決定された。そこには、農地の開発利益を地方政府が独占してきた従来の構造にメスを入れ、農民の財産権を強化し、市場取引を通じて利益を分配しようという明確な姿勢が見られる。

さらに国務院は２０１４年７月に、「戸籍制度改革をさらに推進するための意見」と題した文書を発表し、農村と都市の戸籍の区分を廃止していく方針を正式に示した。同文書では、農業戸籍（いわゆる「農村戸籍」）と非農業戸籍（いわゆる「都市戸籍」）の区分を廃止し、これまでも一部の都市で導入されていた、都市と農村で共通の居住証により住民を管理する制度を導入する方針を示した。

これは、農村など他地域から都市に流入してきた人々に対し、一定の条件を満たせば当該

表4－1　都市居住証発行の要件

	県レベル以下の中小都市	人口50万～100万人の都市	人口100万～500万人の都市	人口500万人以上の大都市
定住している	○	○	○	○
定職に就いている		○	○	○
所定の期間、社会保険に加入している			○	○
所定の期間、定職に就いている			○	
所定の期間、決まった住居に住んでいる				○
その他個別の条件				○

出　所：China's Hukou Reform Plan Starts to Take Shape, CHINA REALTIME REPORT, Aug 4, 2014（http://blogs.wsj.com/chinarealtime/2014/08/04/chinas-hukou-reform-plan-starts-to-take-shape/）などより作成

都市の居住証を発行するというもので、それにより当該都市での居住や就業が保障されるだけでなく、教育や医療、年金といった社会サービスを受ける権利も得られるようになる。

同文書はまた、都市の規模に応じて、居住証取得の条件をかなり具体的に示している。例えば、県レベル以下の中小都市であれば、定住だけで戸籍取得の条件が満たされる一方で、500万人以上の大都市の戸籍を得るためには、安定した職業と住居を得て社会保険制度に加入し、その都市に一定の年数居住する必要があるなど、市民としての権利を得るにはかなり厳しいハードルが課せられている（表4－1参照）。

農民工が居住証を申請しない理由

またより深刻な問題として、地域ごとに実施される都市化政策の整合性が十分にとれていないことが指摘できる。例えば、２０１４年７月に国営のＣＣＴＶ（中国中央電視台）で放送された《新聞１＋１》という番組によれば、社会科学院の調査では、農民工の75～80％が農村戸籍から都市戸籍に変わりたくない、と回答しており、特に「土地を手放しても都市戸籍を取得したい」と回答したものは10％に満たなかったという。

これは、農民工を送り出す地域と、受け入れる地域の改革が噛み合わないために生じている現象だといえるだろう。農民と都市住民の間にある、社会保障や住宅に関する差別をなくすための戸籍改革は、農民工を送り出す内陸部の農村でも盛んに進められている。これらの農村では、政府からの補助金が年々手厚くなり、農民の収入および農地の収益性が以前に比べて大きく上昇している。

一方、大都市は依然として農民工の定住を厳しく制限し続けている。上海市の事例を見ると、市外から流入してきた住民が取得する居住証には、個人の技能や学歴・納税状況・居住年数などによるポイント制が導入されており、住民が得られる居住証の種類やそれに付随する権利にも、ポイントによって厳然たる格差が存在している（「上海市居住証積分管理試行辨法公布」、２０１３年６月19日）。

一例を挙げれば、上海市の「一般居住証」を保有する住民（約４００万人）は、養老保険や医療保険に加入し、子女に上海市の中等教育を受けさせることができる。しかし、家族に社会保障を受けさせたり、上海市の（職業学校を除く）高校や大学を受験させたりすることはできない。都市の発展にとって有用な技能や学歴を持っている「人材」であれば、一般居住証以上の権利が認められる「人材居住証」や「戸籍」を与えて、さまざまな権利を認めるが、そうではない者に対しては限定した権利しか与えないのだ。このため、戸籍改革が新たな「身分制度」を生み出すのではないかという批判が絶えない。また、大都市では防災や治安上の問題を理由にそれまで農民工たちが居住していたスラム地区（城中村）の再開発を行い、多くの住民を立ち退かせる、という事例も増えている。例えば、２０１７年11月に生じた北京市大興区西紅門鎮にある、低家賃の集合住宅が密集する地区で生じた大規模な火災の後では、数万人から十数万人の「低端人口（低所得者層）」が北京からの退去を命じられ、社会的な批判を浴びた。

農民工にとっては、政府から与えられた土地の請負権さえ手放さなければ、出稼ぎを終えて帰った生まれ故郷の村、あるいは新型都市化によって成立した小都市で、都市住民と同じ社会サービスを受ける道が開けつつある。上海のような大都市で戸籍を得ても、高い家賃と社会保険の負担にあえぎながら「二等市民」「三等市民」として暮らしていかなければならないのに対し、故郷に帰ればより広いマンションに住めて、土地の権利も手放さず、悠々自適で暮らせるかもしれない。さらには、現在の中国の社会保障、特に年金制度は、地域ごとの経済状況の違いの大きさから、いまだポータビリティが十分ではない（移転先での受給が保証されていない）。それゆえ、大都市で戸籍をとってから後悔して故郷に帰ったとしても、大都市で払いこんだ年金保険料は掛け捨てになる可能性が高い。

かといって、政府が奨励するような中小都市に移住してその居住証を得たとしても、大都市のように割のいい仕事がすぐに見つかるとは限らない。要は、農民という「身分」を捨てて都市の住民になる、といった重大な選択をするには、制度改革の方向の不確実性が大きすぎるのだ。少なくない農民工が、それまで住んでいたスラム地区を立ち退かされ、ホームレス同然の暮らしになっても、大都市を離れようとしないのはそのためである。

以上見てきたように、新型都市化政策には課題が山積であり、少なくともすぐに投資主導型に変わる新しい成長パターンの柱になるとは考えがたい。ここ数年は、政府の推進する新たな経済成長モデルとして、一帯一路構想が大きくクローズアップされてきたのに対し、新型都市化推進のキャンペーン報道が次第に鳴りを潜めてきたのも、こうした事情と無縁ではないだろう。

3 「まだらな発展」が労働者にもたらすもの

建設労働者と「包工制」

最後に、現在の都市労働市場において、農民工など底辺労働者が置かれている状況についても見ておこう。農民工の厳しい生活を描いたノンフィクションやドキュメンタリーは数多い。近年でも、ノンフィクション作家の山田泰司による『食いつめものブルース』や、王兵《ワンビン》監督のドキュメンタリー映画『苦い銭』など、都市の繁栄から取り残されながらも明るさを失わない農民工たちの日常に寄り添った視点の作品が相次いで公表され、日本でも共感を呼んでいる。

2008年に労働契約法が施行されるなど、制度上では底辺労働者の労働環境も法によってきちんと守られているはずである。しかしインフォーマルな就業形態も多い実際の労働現場では、法による救済が常に期待できるわけではない。

ここでは、都市の建設現場などでよく見られる「包工制」と呼ばれるインフォーマルな労働慣行について述べておきたい。「包工制」は「包工頭」と呼ばれる独立した業者（手配師）が建設会社、あるいはそこから仕事を請け負った労務会社から委託を受けて労働者を募集し、労働者の労務・生活に関する責任および管理を請負う雇用形態のことである。「包工頭」はしばしば親分―子分的な人間関係を利用して労働者を集め、「束ねる」ことが期待されるなど、戦前からその前近代性を指摘されながら、形を変え現代まで存続している。

毛沢東時代の中国では、包工制は資本主義の残存であるとして批判の対象となり、正式に廃止された。しかし、改革開放路線による市場経済化が進む１９８０年代になると、包工制は建設業など肉体労働を中心に復活する。１９８０年に政府は「建築安装工程包工合同条例」を発令し、建設業者が中小の請負業者と請負契約を結ぶことを解禁、１９８４年には建設業における労働請負制度を全面的に復活させた。

１９９０年代以降、建設業における市場化の進展と労働市場の流動化はいっそう進んだ。それと同時に、建設労働者の置かれた劣悪な労働条件、ならびに「包工頭」による搾取や賃金未払いが社会問題として指摘されるようになる。このような状況を受け、１９９８年に成立した「建築法」29条では、労働雇用の「孫請け」が正式に禁止された。また２００５年に政府建設部は、３年以内に包工制の解消を図る方針を示した。

しかし、政府の取り組みにもかかわらず、建設業の労働慣行として包工制は根強く残り続けた。この背景として、建設業者と包工頭との「持ちつ持たれつ」の関係が指摘できる。すなわち、包工頭は建設企業の名義により、農村における地縁・血縁に規定されたネットワーク関係を利用して労働者を募集し、中間マージンを得ることができた。また建設業者は、労働者の募集と管理を包工頭に「丸投げ」することにより、少ないコストで安価な労働力を確保できたほか、労務管理上のトラブルの責任を包工頭に押し付けることができたのである。

包工制のリスク

ただし、包工制では、募集の過程で包工頭と労働者が成文化された労働契約を交わすことはほとんどない。また後述するように、労働現場で労災などのトラブルが生じたときも、労働者と元請けの建設業者は没交渉となる。すなわち、労働契約をめぐる請負関係（「包」）の連鎖が常態化したなかで、最底辺に位置する労働者が常にリスクの負担を押し付けられる構図が存在する（図4-3。矢印は業務の請負を表す）。

特に問題なのは、建築現場で生じた労災の補償の際、包工制が障害になっているケースが数多く見られることである。NGO北京行在人間文化発展中心が2007年から12年までの5年間に、北京市における50ヵ所の建設現場で発生した131件の労災事故（うち有効回答数は73）について行った調査報告によれば、作業中に事故が生じた場合、労働者と直接対峙する包工頭が労災にあった労働者の立場に立ってその権利の保護を支持したケースは全体の8・2％にすぎず、49・1％の包工頭は何らかの責任逃れを行っていた。さらに、労働者が

図4－3　中国建設業における包工制

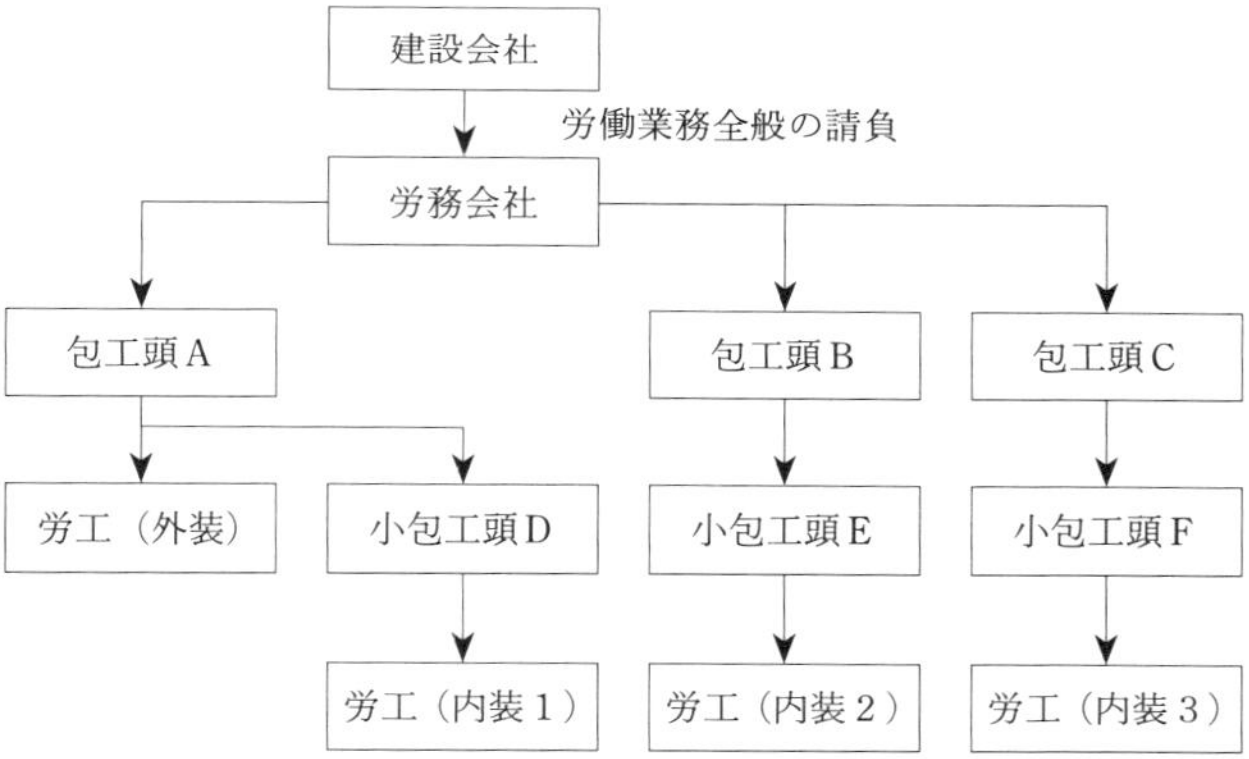

出所：チョウサンサン（2014）「中国建築業界における労働組織の研究」『農業市場研究』第23巻第2号、潘毅＝盧暉臨＝張慧鵬（2010）「階級的形成：建筑工地上的労働控制与建筑工人的集体抗争」『開放時代』第5期、などを参考に著者作成

会社などに補償を求める行為を邪魔したケースが37・1%にのぼっていた（李大君「無約束的資本・傷不起的工人―建築業農民工職業安全与職業保護調研報告」）。

また、労災が生じた原因として最も多いのは、十分な事故防止策がとられていないことで、全体の54・8%にのぼる。作業の危険性に関する周知も十分ではなく、76・7%が作業に関する十分な研修を受けていなかった。また労災にあった労働者のうち、正式な労働契約を交わしていない者の比率が95・9%、また労災保険に加入していなかった者も93・2%にのぼった。

同報告は、労災上の「責任逃れ」が多発する背景として、①建設業では労働者の雇用において、労災などの知識を持たず、建設業者の正式な社員でもなければ、建設業の資格も持たない包工頭に業者が「名義貸し」を行い、農民工を雇用させているケースが多いこと。②労働請負契約が多層にわたっており、末端の管理が困難であること、などを挙げている。実際、事故が発生した際に、元請け企業はほとんどのケースで補償を拒絶している（89％）。そして64・3％のケースで、包工頭や企業の代理人が労働者に対し私的な賠償を行うことで解決が図られている。すなわち、包工制は劣悪な労働環境の下で、本来企業が負うべき安全管理や事故の補障の責任を一方的に包工頭に負わせる「責任逃れ」の温床になっているのだ。

労働ＮＧＯの役割と苦境

都市化政策の推進にもかかわらず、農民工という不安定な存在はしばらく残るだろう。だが、前述のようにインフォーマルな形態で就業することも多い農民工にとって、法的救済の道は狭き門である。では、彼（女）たちの権利はどうやって保護されるのか。

農民工の権利保護を考えるにあたって、まず、中国の労働組合とはどのような存在か、押さえておく必要がある。

中国で労働組合にあたる「工会」は、その全国組織である中華全国総工会の規約（2008年改正）に「中国共産党の指導する労働者が自ら結成する労働者階級の大衆組織であり、党が労働者と連携する際の橋梁、紐帯、国家政権の重要な支柱」であると定められている通り、基本的に共産党の「助手」として労働政策を支える役割を果たしてきた。このため、労使間の紛争が生じたときも、工会の姿勢は雇用者―被雇用者双方の立場に配慮したものにならざるを得ず、労働者の間で自らの利益代表とはみなされてこなかった。2010年ごろ、広東省仏山《ふつざん》市のホンダの部品工場をはじめとして、広東省の珠江《しゅこう》デルタで賃上げを要求するストライキが次々と生じたが、これらは工会を通さず労働者がSNSなどで参加を呼びかけ、自主的に行われたものであった。これは、工会がそれだけ労働者の信頼を勝ち得ていないことの証拠だろう。

特に珠江デルタの経済発展を支えてきた農民工を中心とする非正規労働者の置かれた厳しい労働環境の改善は、もっぱら香港や海外ともつながりを持つ労働NGOによって担われてきた。これらの労働NGOは、労働者に法律面でのサポートを行ったり労使の仲介を行ったりするなど、工会の機能を補完する存在として、政府からも基本的に活動を黙認されてきた。

しかし近年、体制の安定的な維持にとって不安材料である農民工の動向に、党と政府が敏感に対応するようになった結果、労働NGOの強制的な閉鎖が相次ぐなど、厳しい状況に追い込まれている。労働NGOの関係者を対象としたアンケート調査では、回答者の5割以上が、中央政府の存在が自分たちの活動にとって最大の障害になっていると回答している（王侃「中国の労働NGOの開発―選択的な体制内化」)。厳しい状況を象徴するように、2015年12月には広東省広州市、仏山市で労働争議などの解決に携わってきた労働NGOの幹部10名余りが、横領や社会秩序の攪乱などの容疑をかけられ、当局に拘束・逮捕されるという事件も起きている。

社会保険費の未払い問題

労働NGOの活動も含め、中国の労働運動が置かれた状況について、日本では十分に認識されているとはいいがたい。例えば、ここ数年珠江デルタなどで生じている労働争議や労働者による訴訟などの労使間紛争の多くは、企業による養老年金などの社会保障費の未払いの問題によって生じている。

この問題の背景は二つある。まず、珠江デルタ地域には低賃金の労働集約型産業が集中していた。しかし労賃の上昇や、政府の産業高度化政策の影響で、より賃金の低い地域への工場の移転が相次いでいる。もう一つは、全般的に労働者の高齢化が進んでいることである。40代後半から50代前半の中高年層のワーカー、特に女子労働者が工場の移転に伴いリストラされた場合、次の仕事を探すのは難しい。たとえ仕事を見つけられたとしても、「年金の受給には同一地域で10年、合計で15年、保険料を払いこむ必要がある」という法律の規定が壁になる。というのも、たとえ勤続年数が15年を超えていたとしても、企業が負担すべき保険料（賃金の20％）を未払いだったため、リストラされた後になって年金受給資格がないことがわかる、というケースも少なくないからだ。特に近年では、子女の教育費などの生活費が年々上昇しており、年金が受給されないなかで生活をどう維持していくのか、深刻な問題となっている。

また、外資企業による社会保険費の未払いが、深刻な労使対立を引き起こすケースも少なくない。年金などの社会保険費は労働者と企業が折半して負担するのがルールであり、企業側が所定の額を負担しないと、労働者が退職後に年金を受け取れないためだ。例えば、深圳市で東京ディズニーランドで販売されるグッズなどを生産していた日本人経営の玩具会社M社は、2015年6月に工場を閉鎖し中国から撤退したが、閉鎖前から社会保険費の未払いをめぐって労働者との間にトラブルが生じていた。閉鎖後、失業した上に年金の受給資格を失った約200名の労働者が、未払いの社会保険費の補償を含めてディズニーランドの経営会社に善処を求めているが、いまだ交渉には応じていないという。M社のケースは、広東省の労働問題に関わる人々の間では知らない者がないほど有名だというが、日本ではほとんど報道されておらず、大きな認識のギャップがある。

筆者が2016年に訪問した香港の労働NGOで、一人のスタッフは、「海外のメディアも中国の人権問題には関心を持っているが、労働問題には関心が薄い」と語った。中国の労働問題というと、日本では労働コストの急激な上昇が中国経済に与えるダメージや、日本企業のリスク回避に焦点が当たりがちだ。しかし、その一方で不安定な状態に置かれた労働者の生活や権利を守ろうとする人々の試みにも、もっと目を向けていくべきではないだろうか。

「まだらな発展」と労働問題

さて、農民工を取り巻く現代中国の労働環境は、どのように変化していくのだろうか。

ここで注目しておきたいのが、アリババ集団や騰訊控股有限公司（テンセント）などの大手ＩＴ企業、あるいは配車サービス大手の滴滴出行のように、インターネットを通じて取引仲介のためのプラットフォームを提供するビジネスモデルの急速な広がりである。例えば、シェアリング自転車サービスなどのシェアリング・エコノミー、フードデリバリーの餓了麼などのＯ２Ｏ（Online to Offline、ネット経由で現実のモノやサービスの取引を行う）である。

国家情報センターが２０１７年に発表した『中国シェアリング経済発展報告２０１７』は、２０１６年のシェアリング・エコノミーの取引規模は3兆４５２０億元と前年比１０３％の増加、また就業者の数は前年から約１０００万人増加し、６０００万人を超えていると発表した。翌18年の同報告書によれば、シェアリング・エコノミーの取引規模はさらに47・２％

増えて4兆9205億元に達しているという。

アリババなどのIT企業により提供される取引仲介のプラットフォームは、中国の伝統的な商慣習にマッチしていたこともあり、すさまじい勢いで中国社会に普及し、人々の生活スタイルを急速かつ根本的に変えつつある。膨大な顧客情報の集積を通じた仲介サービスは、「仲介」や「評判」をベースにした伝統中国の商習慣をテクノロジーによって現代的にアレンジしたものという側面を持っている（第6章参照）。

シェアリング・エコノミーの拡大により、そこに就業する「新しい非正規労働者」の権利をどう保障するのか、ということが改めて問われている。例えば滴滴出行に登録しているドライバーは同社の従業員なのか、それとも個人事業主なのか。労働者としての権利はどの程度守られるのか。年金などの社会保障は誰がカバーするのか。これらの点が、中国の労働問題専門家の間では一大関心事になっている。

その一方で、中国社会における代表的な非正規労働者である農民工の置かれた不安定な状況や劣悪な労働環境など、労使関係をめぐる「古い」問題はいまだ解決されず、深刻な状況にある。中国社会ではこれらの「古い」労働問題の解決に寄与するはずの近代的諸制度、すなわち法の支配や政府から自立した労働組合などが社会に十分根づいていない。そこに広がるシェアリング・エコノミーは、個々の労働者が個人営業の零細業者としての性格を強め、労使間の矛盾を「法」によって調整する空間をむしろ狭めつつあるようにさえ思える。

テクノロジーの進歩によって中国では、ある部分では日本よりもずっと進んだ、これまで誰も経験していない情景が広がっている。一方で、かつての日本社会が社会運動や行政の取り組みによって克服してきた「古い」タイプの労働問題も、いまだ存在している。特に包工制は戦前からその「前近代性」を指摘されながら、形を変えて現代まで存続している。中国では労働問題に限らず、このような「まだらな発展」ともいうべき状況がそこかしこに広がっており、独特のダイナミズムと同時に深い矛盾も生み出している。このことを抜きにして、もはや現在の中国社会や経済は語れないのではないだろうか。

参考文献

（日本語）

石井知章（2015）「習近平時代の労使関係—『体制内』労働組合と『体制外』労働NGOとの間」（石井知章・緒形康編『中国リベラリズムの政治空間』勉誠出版）

王侃（2015）「中国の労働NGOの開発—選択的な体制内化」（石井知章・緒形康編『中国リベラリズム

の政治空間』勉誠出版）
梶谷懐・小原江里香（2011）「農民の就業選択行動と土地経営権：四川省・浙江省の農家ミクロデータ分析から」『中国経済研究』、第8巻第1号
厳善平（2016）「戸籍制度改革と農民工の市民化」（加藤弘之・梶谷懐編『二重の罠を超えて進む中国型資本主義』』ミネルヴァ書房）
チョウサンサン（2014）「中国建築業界における労働組織の研究—青島市Aプロジェクトにおける『包工頭』の役割」『農業市場研究』第23巻第2号
辻中豊・李景鵬・小嶋華津子（2014）『現代中国の市民社会・利益団体—比較の中の中国』木鐸社
丸川知雄（2010）「中国経済は転換点を迎えたのか？—四川省農村調査からの示唆」『大原社会問題研究所雑誌』No.616
丸川知雄・梶谷懐（2015）『超大国・中国のゆくえ4　経済大国化の軋みとインパクト』東京大学出版会
南亮進・馬欣欣（2013）「中国労働市場の変貌と転換点」（南亮進・牧野文夫・郝仁平編『中国経済の転換点』東洋経済新報社）
南亮進・牧野文夫編（2014）『アジア長期経済統計　3　中国』東洋経済新報社
山田泰司（2017）『食いつめものブルース—3億人の中国農民工』（日経BP社）
（中国語）
蔡昉・王美艶（2007）「農村労働力剰余及其相関事実的重新考察—一个反設事実法的応用」『中国農村経済』第10期

潘毅・盧暉臨（２００９）「暴力的根源―揭開建筑業施欠工資的面紗」『南風窓』２００９年第４期（http://wen.org.cn/modules/article/view.article.php/1772）

潘毅・盧暉臨＝張慧鵬（２０１０）「階級的形成：建筑工地上的労働控制与建筑工人的集体抗争」『開放時代』第５期

任焰・賈文娟（２０１０）「建筑行業包工制：農村労働力使用与城市空間生産的制度邏輯」『開放時代』第12期

李大君（２０１３）「無約束的資本・傷不起的工人―建築業農民工職業安全与職業保護調研報告」『中国工人』３期

国家信息中心分享経済研究中心・中国互聯網協会分享経済工作委員会（２０１７）『中国分享経済発展報告２０１７』国家信息（http://www.sic.gov.cn/News/250/7737.htm）

（英語）

Lam, W. Raphael, Xiaoguang Liu, and Alfred Schipke（2015）, “China’s Labor Market in the ‘New Normal’,” IMF Working Paper, WP/15/151.

第5章　国有企業改革のゆくえ——「ゾンビ企業」は淘汰されるのか

1　国有企業は特権を享受しているのか

国有企業改革のこれまで

中国経済の将来を占う上で、国有企業改革のゆくえが重要なカギを握る、と考える識者は多い。「ゾンビ企業」、つまり経営が破綻しているにもかかわらず、銀行や政府機関の支援によって存続している企業は、その多くが国有企業だといわれている。特に鉄鋼関連企業の過剰生産能力の問題は、近年激しさを増している米中貿易摩擦の一因にもなってきた。では、そもそも、なぜ国有企業は改革されなければならないのだろうか。また、現在進められている国有企業改革の方向性は、中国経済の持続的な成長をもたらすものなのだろうか。この章では、国有企業の抱える問題点について、成長著しい民間企業と対比させながら見ていくことにしたい。

一部は第4章の繰り返しになるが、これまでの国有企業改革の流れをおさらいしておこう。1980年代半ばから始まった当初の国有企業改革は、「痛みを伴う」所有制改革には手をつけず、経営自主権とインセンティブの拡大によって生産の拡大を図るものだった。大中型企業を中心に経営請負制度が実施され、経営者の権限が大幅に拡大した。同時に、労働者のインセンティブを高めるために、企業利潤のかなりの部分がボーナスなどの形で支払われた。

しかし、こうしたインサイダー・コントロールを誘発しがちな企業改革では、国有企業の経営パフォーマンスの改善に結びつかず、国有企業の赤字はその後も累積的に増加した。こうした状況を受けて、1990年代後半に入ると、不可侵の聖域とされてきた所有制改革が始まった。国有企業の戦略的調整が提起され、大企業については、政府が資金援助を含めた政策的なてこ入れを行う一方、小型国有企業は企業経営者など民間に払い下げられた。

その後2003年に国有企業を束ねる持ち株会社として、政府（国務院）傘下に国有資産監督管理委員会（国資委）が設立されると、国有企業の株式会社化が進められた。ただし、株式会社化といってもその株式の多くは国資委が管理する「国家株」であり、個人や民間企業が自由に売買できるわけではなかった。国資委は経営者を任免したり、業績上の目標達成に向けて経営者に責任を持たせたり、一般的な企業で大株主が行うような役割を期待された。株式会社化が進んだ結果、例えば工業分野において、２０１０年以降に国有企業および国家資本が過半を占める株式制企業が企業数の上で占める割合は、全体の数％ほどになっている。

中国は「国家資本主義」か

その一方で、２００８年のリーマンショックの前後から、国有企業改革の停滞が指摘されるようになる。そして「国進民退」という用語が広く使われるようになった。これは、地方の中小国有企業を中心とした改革が一段落した後、物的・人的資本が集中した一部の大型国有企業がむしろ民間企業を圧迫しているのではないか、という懸念が生じるようになったためである。

これと並行して、中国の政治経済体制は欧米社会と異なる「国家資本主義」だとする議論が、日本を含めたいわゆる西側諸国で盛んになった。例えば、『自由市場の終焉』という著書で「市場と国家」の対立の構図について問題提起を行ったユーラシアグループのイアン・ブレマーは、政治面において権威主義的であり、経済面では国有企業のプレゼンテーションが大きい中国の経済を、国家資本主義による発展モデルの典型だとみなした。そして、それは「大規模な経済政策の決定を迅速に、そしてかなり効果的に行える」という点で欧米の自由主義的な経済体制よりも優れているかもしれないが、統治メカニズムにおけるチェック・アンド・バランス（抑制均衡）が働かないため、誤った政策が採用される可能性が排除できない、という弱みも抱えていることを指摘した。その結果、現在の成長優先の経済運営が行き詰まる可能性は低くない、ともブレマーは指摘した。

「国家（独占）資本主義」という用語自体は、もともとマルクス経済学の文脈で用いられていたこと、ブレマーがこの用語について経済学に基づく厳密な定義を行っていないことから、この言葉には批判も多い。ここではブレマーらの議論には深入りしないが、「国進民退」という言葉に代表される国有企業のプレゼンスの高まりが、彼らの「国家資本主義」論に一定の説得力を与えていたことは間違いないだろう。

「国進民退」は本当に生じているか

さて、「国進民退」という言葉がどの程度中国経済の現実を表わしているのか、という点をめぐっては、すでに中国の内外を問わずさまざまな議論が行われてきた。ここでは、広義の国有企業改革に関するものを含め、「国進民退」現象をめぐる議論を、以下の三つに類型化しておきたい。

一つ目の類型は、多くの産業において企業数・従業員数・生産額の国有企業シェアが縮小していることをもって、「国進民退」は実態を持たない「まぼろし」である、とするものである。

確かに、2000年代に入って国有企業の株式会社化が本格化すると、前述のように国有企業の数は大きく低下した。また、国有企業が支配力を強めていると通常考えられている交通運輸・倉庫・郵便・医療・社会保障・社会福祉などの分野でも、国有企業が各産業の従業員総数に占める比率は大幅に低下している。ただ、企業数に占める割合で国有企業が数%になったとしても、それをもって国有企業が無視してもよい存在になったことを意味するわけではない。何といっても国有企業は規模が大きく、1社当たりの生産額も大きいからだ。例えば、国有企業が数の上では5%にしかすぎない工業企業について見ると、資産全体では40%弱、税負担については70%弱にもなる。

では、建築業やサービス業も含めたGDP全体に占める国有セクターの比率はどうか。公式統計では、GDPに占める国有セクターのシェアは示されていないので、推計するしかない。**図5-1**は、国が100%所有権を持つ国有企業と、国が支配的な割合の株式を所有する「国有支配企業」からなる国有セクターがGDPに占める比率を推計したものである。2014年の時点で、国有セクターは依然として32%（工業11%、建築業2%、サービス業19%の合計）とかなりの大きさを占めていることがわかる。

図５－１　GDPに占める国有経済（2014年）

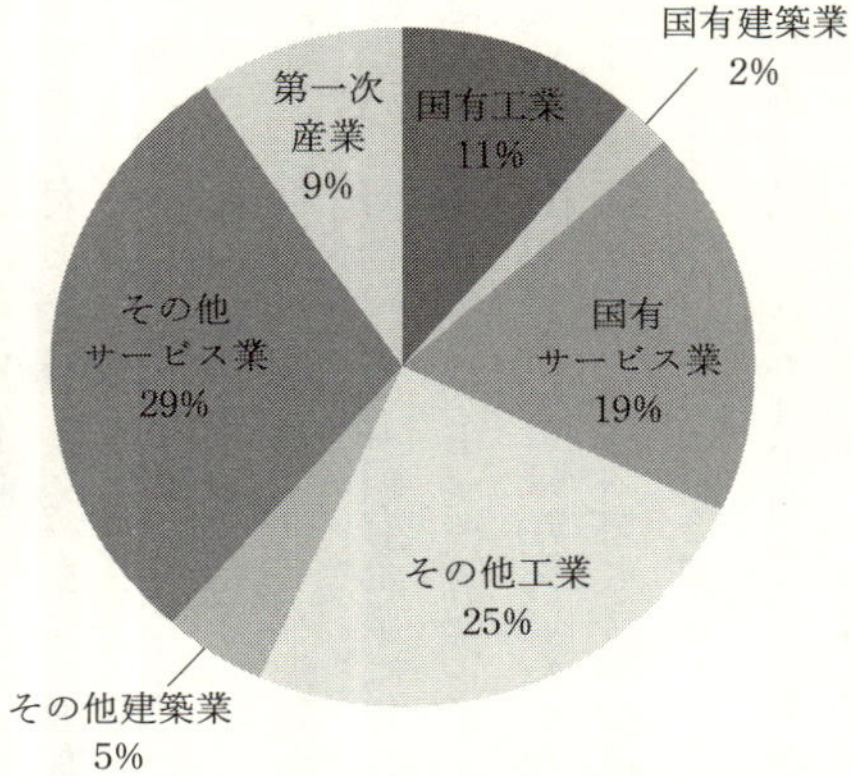

出所：国家統計局編『中国統計年鑑』中国統計出版社2015、2016年版。推計方法は加藤弘之・渡邉真理子・大橋英夫（2013）『21世紀の中国経済篇―国家資本主義の光と影』朝日選書

「国進民退」に関する議論のもう一つの類型は、政府の経済発展戦略上、重要な意味を持つ一部の「戦略産業」（「管制高地」産業）において、国有企業の支配力の強化、あるいは維持が見られたことをもって、「国進民退」にはそれなりの実態があったとするものである。背景には、２００６年に国有経済が絶対的な支配権を持つ７業種、相対的な支配権を持つ９業種が選定されるなど、国有企業への政策的重視が鮮明となったことがある。

この点に関して、名古屋大学の中屋信彦は、国有企業が支配的地位を占めるべきだとされた産業を中国経済の「瞰制（管制）高地」として捉え、これらの部門において国有企業がどの程度支配的な地位を占めているのかを検討している。

中屋は、各産業における代表的な企業の資本構造を丹念に明らかにし、その結果、①国有企業が産業全体を「支配」すべきことが明確に謳われた「国家統制産業」（発電・送電、石油・石油化学、通信、石炭、航空）においては、基本的に国有（支配）企業が支配的な地位を占め続けている。②一方、「主要企業支配産業」では、大半の産業でその業界の上位シェアを占める大手企業のうち70％から90％が国有（支配）企業となっており、基本的に公有企業による支配的な地位が維持されている、と結論づけている。

そして第三の類型は、一部の国有企業が市場における寡占・独占あるいは融資における優遇によって利益を享受し、その結果、非国有企業との労働賃金、あるいは待遇格差が拡大したことを問題視するものである。この類型は、投資主導の経済成長が続くなかで生産手段の効率的な分配が損なわれた、という議論と密接に関わっている。すなわち、国有企業はもともと生産性が低いにもかかわらず、私営企業などに比べて労働者一人当たりの資本額が非常に高くなる傾向があり、このため資源配分上の非効率が生じているというわけである。

中国経済全体で国有セクターが増大している、というイメージは誤りであるにせよ、第二の類型や第三の類型で指摘されたような、競争の公正さの観点から国有企業の特権性を問題視する、という立場に立てば、「国進民退」という用語は中国経済の問題点の一つを鋭く取り出したものだ、といえよう。

本章では、基本的に第三の類型、特に賃金や労働分配率の不公平性という観点から、現在の国有企業が抱える問題について詳しく見ていくことにしよう。

相対的な高賃金

国有企業の賃金や労働分配率について具体的に見ていく前に、確認しておきたい点が一つある。2001年のWTO加盟以降、中国経済がその成長を固定資産投資に依存する「資本過剰経済」ともいうべき状況を呈するなかで、マクロで見た労働分配率が減少してきたという事実である。

図5-2は、中国におけるマクロの労働分配率の推移を示したものである。このうち、毛沢東時代の数字に関しては、GDPの分配面に関するデータが直接得られないため、丸川が求めた推計値をそのまま用いた。また、中国のマクロ経済統計は2004年以降、それまでの旧SNA体系から93SNA体系に変更されているため、双方の系列のグラフを示している。

図5-2より、中国におけるマクロの労働分配率は、2008年以降に若干回復しているものの、1990年代以降、低下傾向を示していることがわかる。労働分配率の低下は、家計の消費需要の低下と密接に関係しており、それを埋めるための投資主導の経済成長と表裏

図５－２　労働分配率の推移

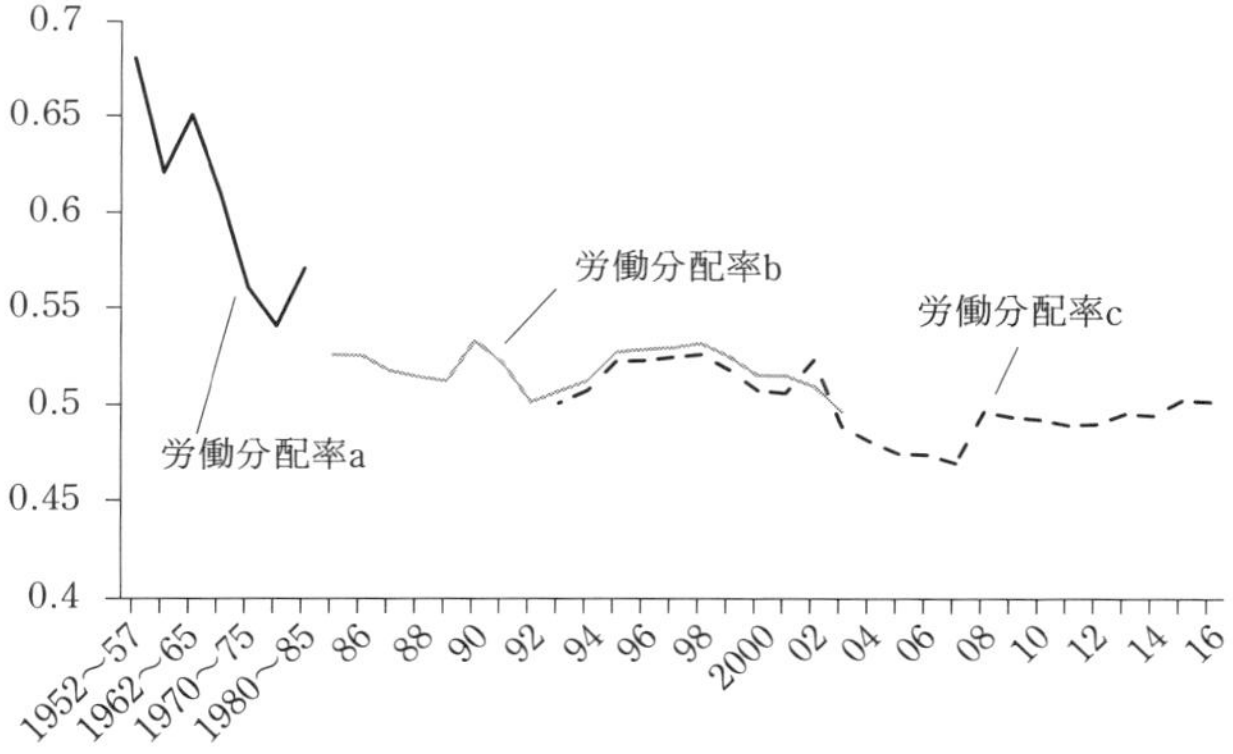

出所：国家統計局編『中国統計年鑑』中国統計出版社（各年版）、丸川知雄『現代中国経済』有斐閣アルマなどにより作成
注１：労働分配率aは丸川知雄『現代中国経済』有斐閣アルマ、の推計による
注２：労働分配率bは旧SNAに基づいた推計
注３：労働分配率cは93SNAを用い、経営者の労働報酬を加算したもの

一体の現象だといえよう。

特に２０００年代以降、西部大開発に代表される国家規模の開発プロジェクトが相次いで実施されるなかで、一部の戦略産業における大型国有企業に資本が集中し、非国有企業に比べて労働者一人当たりの資本額が大きく上昇した。資本の集中は労働生産性の上昇をもたらすため、国有部門の平均的な賃金は非国有部門よりもより大きく上昇した。

図5-3は、国有企業をベンチマークにした場合の、それぞれの形態の企業における賃金水準の推移を示したものである。外資系企業の給与水準は当初国有企業の水準を大きく上回ってい

図5－3　企業別の平均賃金水準の推移

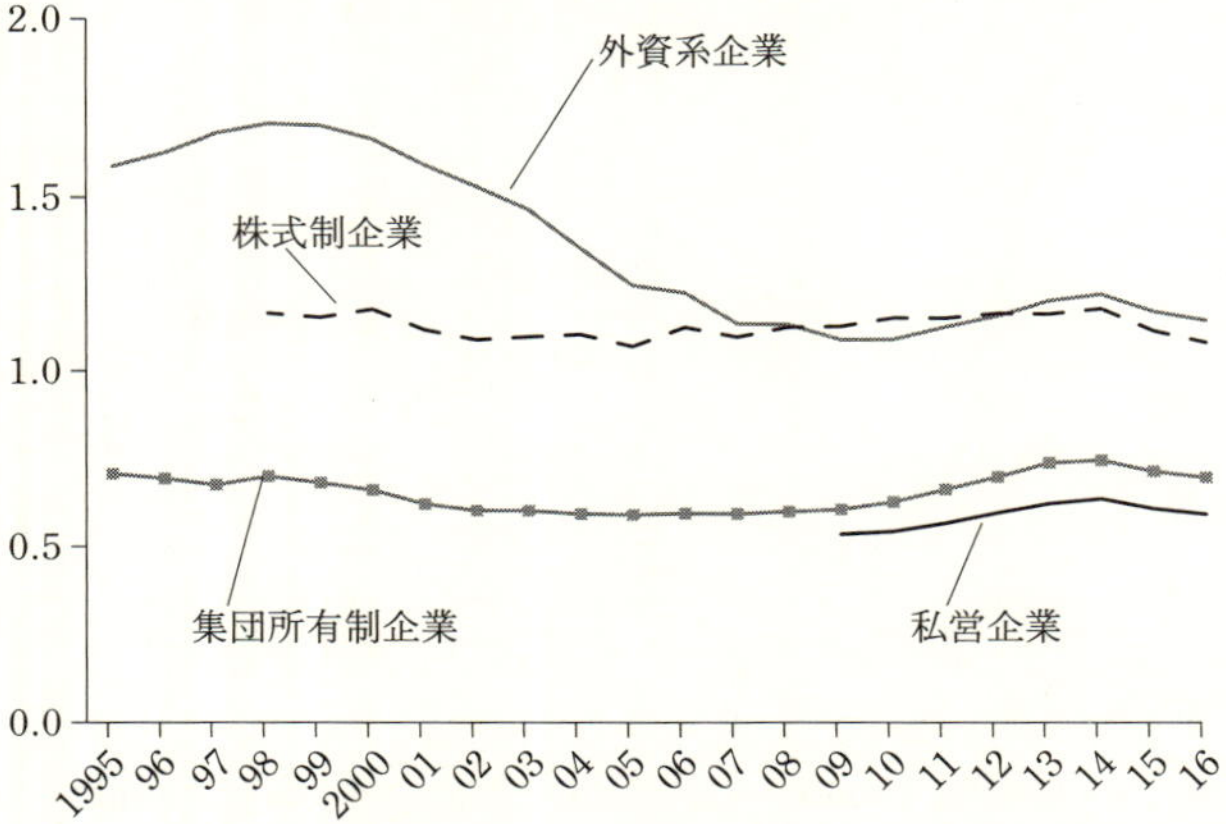

注：グラフの数値は、国有企業を1とした場合の、それぞれの所有制の企業の平均賃金水準を表したものである
出所：国家統計局編『中国統計年鑑』(中国統計出版社、2017年版)

たが、2000年代に入ってその格差は急速に縮まってきた。これは、国有企業のなかでも金融、電力、石油化学、通信など、独占的な利潤を享受する企業の賃金水準が急上昇し、外資企業の水準に近づいたためである。

また、株式制企業の賃金水準も一貫して国有企業を上回っているが、前者のなかには国が主要な株式を支配する「国有支配企業」、すなわち実質的な国有企業も含まれている。私営企業の賃金水準は2009年以降ようやく公表されたにすぎないが、国有企業の50～60％程度の水準しかない。賃金水準においては、国有企業の相対優位が続いていることが見てとれよう。

１９８０年代にはむしろ非国有セクターの利潤および給与の伸びが目立ち、「国立大学の先生よりもタクシー運転手のほうが収入が多い」という状況が戯画的に語られることもあった。しかし１９９０年代半ば以降、「大を摑み、小を放つ（大企業は国有のままにし、中小の国有企業は非国有企業に転換させる）」といわれた国有企業のリストラが本格化すると、国有セクターに残った人々の既得権益はむしろ強化されたのである。

また、北京大学の夏慶傑（XIA, Qingjie）らの研究グループは、１９８８年、95年、２００２年、07年にＣＨＩＰ（中国住民収入分配調査）のデータに基づく都市戸籍住民を対象とした家計調査により、都市住民の賃金格差がどのように拡大してきたかを明らかにしている。賃金格差のうち、大きな比重を占めるのが企業の所有形態による賃金格差である。彼らはブラインダー・ワハカ（Blinder-Oaxaca）分解という手法を用いて、賃金格差のうち合理的には説明できない「差別」の要因がどの程度の比率なのかを推計している。

ブラインダー・ワハカ分解とは、人的資本論（人の能力を資本と捉えること）に基づいた賃金関数の推計を通じて、グループ間の賃金格差のうち、就学年数や経験年数といった属性の違いから説明される部分を取り出し、残った説明されない部分を「差別」と考えるものである。この手法は、男女間の賃金格差のうち、能力や職種ではない「差別」による部分がどの程度を占めるのか、といった点を分析するのによく用いられる。

表５－１　国有／非国有間の賃金格差

	1988		1995		2002		2007	
	国有	非国有	国有	非国有	国有	非国有	国有	非国有
賃金のジニ係数	0.221	0.278	0.326	0.396	0.314	0.392	0.392	0.481
賃金差別（%）	43.3		43.0		44.4		80.8	

注：「賃金差別」は、ブラインダー・ワハカ分解により、国有・非国有間の賃金格差のうち、個人の属性・業種などでは説明できない要素を抽出したもの
出所：Xia, Qingjie, Song, Lina, Li, Shi, and Simon Appleton（2013）, "The Effects of the State Sector on Wage Inequality in Urban China: 1988-2007," *IZA Discussion Paper*, No. 7142.

夏らの研究によれば、国有企業と非国有企業間の賃金格差のうち、業種や個人の属性では説明できない「差別」にあたる割合が、１９８８年から２００２年にかけてはほぼ43％〜44％の間を推移していたのに対し、２００７年には80％に達していた（表５－１）。

国有―非国有企業間の賃金格差が、生産性の違いなどに裏付けられない「差別」的なものだということは、経済全体で見ると深刻な資源配分上の非効率が生じている可能性を示すものである。

ただし、ここからすぐに、国有企業の労働者が非国有企業の労働者より明らかに大きな「特権」を享受しており、しかもその特権は２０００年代を通じて拡大した、という結論を導くことはできない。例えば、図５－３が示しているのはあくまでも企業の所有制別に集計された労働者の平均賃金にしかすぎず、学歴や就業年数、および産業や企業規模といった賃金水準に影響を与える労働者および企業の属性は、まったくコントロール

されていないからである。

また、夏らの研究も、産業ごとの賃金水準の大きな格差をコントロールしていないという点では不十分なものである。つまり、国有企業の賃金水準が高いのは、単に労働生産性の高い資本集約的な産業が集中し、学歴の高い労働者が集まっているからかもしれない。所有制による格差を厳密に見るためには、以下のように何らかの方法で賃金水準に影響を与える他の変数をコントロールしなければならない。

格差の固定化

そこで筆者は、「傾向スコア」を用いたマッチングの手法によって、労働分配率に影響を与える属性の効果をコントロールし、国有／非国有という所有制の違いが労働分配率に与える「説明できない格差」の効果を分析するという研究を行った（データの制約上、２００７年までの分析となっている）。傾向スコアマッチングとは、企業の営業年数や労働者数、産業区分など、各企業の属性を表すさまざまなパラメーターを傾向スコアという一つの合成変数に一次元化し、その傾向スコアを基準にして、国有企業ならびに非国有企業それぞれのグループのなかから「最も互いに性質がよく似た」企業同士のペアを作った上で、労働分配率を比較し、その差が所有制の違いによってどの程度説明できるかを調べる、という手法である

表5－2　国有／非国有の労働分配率格差：傾向スコアを用いた分析

	2000	2001	2002	2003	2004	2005	2006	2007
補正なし(1)	0.334	0.335	0.267	0.240	0.354	0.280	0.254	0.151
マッチング(2)	0.179**	0.117**	0.203**	0.181**	0.251**	0.178**	0.190**	0.110**
	(0.01)	(0.01)	(0.01)	(0.01)	(0.01)	(0.01)	(0.01)	(0.01)
(2)/(1)	50.2%	35.3%	75.1%	75.6%	70.4%	63.9%	67.7%	75.0%

注1：「補正なし」は全サンプルの労働分配率を国有ダミーのみに回帰させて得られた係数である
注2：カッコ内の数値は標準誤差。**は推計値が1％水準で有意であることを示す
出所：梶谷懐（2016）「労働分配問題からみた「国進民退」―所有制と格差問題」（加藤弘之・梶谷懐編『二重の罠を超えて進む中国型資本主義―「曖昧な制度」の実証分析』ミネルヴァ書房）

（傾向スコアを用いた因果推論分析については、詳しくは星野崇宏『調査観察データの統計科学―因果推論』などを参照のこと）。

分析の結果は表5-2に示されている。企業の属性をコントロールしない場合の労働分配率の格差（1）に占める、傾向スコアマッチングにより他の属性の影響を取り除いた、所有制のみの影響（2）が占める比率は約35％から約76％と、無視できないレベルになっていることがわかる。

さて、以上の分析結果からどのようなことがいえるであろうか。まず注目しておきたいのが、分析期間を通じて、産業・地域・規模・独占力・資本集約度といった変数をコントロールした上でも、なお国有企業の労働分配率は非国有企業を大きく上回っているということである。このことは、前記のような変数に関して、同じタイプの企業であれば国有企業の労働者のほうが明らかに優遇されている、ということを示している。ただし、これは通常いわれている

ように、２０００年代になって顕著になってきたというわけではなく、もともと国有企業と非国有企業の間には労働分配率の面で大きな格差があり、それが２０００年代を通じても持続した、と見るべきであろう。

一方で２０００年代を通じ、国有／非国有を問わず労働分配率は低下傾向を示している。しかも、低下の度合いはむしろ国有企業で大きくなっている。すなわち、所有制による労働分配率の格差の絶対値は減少しているが、格差に占める他の要因では説明できない「差別」の比率はむしろ拡大する傾向にあり、所有制による格差は固定化しつつあるのである。

2　台頭する民間企業と国有企業のゆくえ

極端な分業体制が生む活力

これまで国有企業が民間企業などに比べて、賃金などの面で厚遇を受けてきたことを見てきた。賃金だけでなく、銀行などの融資においても、大手の国有企業は民間企業などに比べてより多額の資金を有利な条件で借りられると指摘されている。

その一方で、民間企業こそが現在に至る中国経済の順調な歩みを支えてきたことを、多くの専門家やチャイナウォッチャーが指摘している。民間企業の経営者には印象的なエピソードを豊富に持つ、個性的な人物が多い。品質の悪い冷蔵庫を社員に叩き壊させるという荒療治でたるみ切った工場を立て直し、中国一の家電メーカー、ハイアールに育て上げた張瑞敏、信用取引が普及しない社会に独自の決済システムを提供し、取引の「信頼性」というハードルを乗り越えたアリババ集団の創始者馬雲、B2B（企業間）ビジネスの巨人にして、国際特許の出願数No.1を誇るファーウェイ（華為技術）を裸一貫で立ち上げた任正非らである（高口康太『現代中国経営者列伝』）。

丸川知雄は、民間企業が盛んに市場参入と競争を繰り広げる中国経済の現状を、誰もが資本家になれる「夢」のある社会だ、という意味で「国家資本主義」ならぬ「大衆資本主義」と名付けている（丸川知雄『チャイニーズ・ドリーム』）。

丸川によれば、現代中国の製造業のダイナミズムは、中間財（他の生産物の原材料となるような生産物）部門における分業体制がいっそう細分化し、そこに多数の企業が参入してくる過程――丸川の用語を用いれば「垂直分裂」――を繰り返すことによって、中間財の調達コストが劇的に低下し、それによって産業全体の生産性を引き上げる、というプロセスにこそ求められる（第6章参照）。

広東省などで盛んな山寨《さんさい》（ゲリラ）携帯電話産業は、そのような細かい企業間分業が見られる最先端のよい例である。そこでは一つの製品の企画・設計、組み立て、回路設計・ソフト開発、基板製造、部品調達など、従来なら一つのメーカーに統合されていた工程が、それぞれ独立の企業によって担われるという極端な分業体制によって、個々の企業の参入障壁が極めて低くなり、また激しい価格競争によって中間財部門の生産コストが非常に低くなっているからだ。

渡邉真理子も、その編著『中国の産業はどのように発展してきたか』で、「零細企業が激しい競争を繰り広げる」という中国産業独特の形態が、プロダクト・イノベーションを行う上でも有利に働いていることを強調している。新しい製品開発を行うには、当然多額の研究開発費と時間をかけなければならない。特に技術や消費者の嗜好の移り変わりが激しい製品の市場では、研究開発費が、資金不足に悩む途上国の、とりわけ零細企業が参入する際の大きな障壁となっていた。

ところが、中国のいくつかの産業（携帯電話、テレビ、エアコン、自動車）では、零細な部品企業が共通の「技術プラットフォーム」、すなわち開発のプロセスを半ばオープンにしながら、研究開発費や一部のプロセスを共有する仕組みを作り上げている。つまり、一社で抱え込むと重すぎる研究開発費の負担を多数の企業でシェアすることで、個々の企業の固定費を劇的に引き下げている。このような仕組みが、ＩＴ、電子産業を中心とした旺盛なイノベーションや、ユニコーン企業と呼ばれる急成長を遂げるベンチャー企業の活性化を呼んでいるのが、近年の広東省深圳である。深圳におけるイノベーションの活況については第6章で詳述する。

企業間の適切な資源配分は可能か

さて、前節で見たように、国有企業の賃金や労働分配率が民間企業よりも高くても、それが国有企業の生産性の高さを反映したものであれば、特に問題はないだろう。しかし多くの文献が指摘するのが、非国有部門が高い生産性の伸びを通じて経済成長を牽引していたにもかかわらず、それに見合うような賃金の上昇や資本の分配が行われてこなかった、という点である。

例えば、トロント大学のローレン・ブラントと朱暁東（ZHU, Xiaodong）は、①非国有企業の全要素生産性（TFP）は一貫して国有企業のそれよりも高いこと、②にもかかわらず国有部門の賃金は一貫して非国有部門の賃金を大きく上回っていること、③賃金格差は1990年代後半にいったん縮小するが、その後また拡大していること、を指摘している。ブラントらによれば、国有部門―非国有部門間の賃金格差は労働市場のゆがみがもたらしたものだが、この労働市場のゆがみが資本市場のゆがみと一体となり、非国有部門のほうが資本の収益率が高いにもかかわらず、資本労働比率のギャップはむしろ拡大しているのである。

さらにブラントらは、国有、非国有に農業部門を加えた三部門間の資本・労働の移動を考慮した生産関数を推定し、それをベースにシミュレーションを行っている。その結果、国有部門の労働シェアが減少し、また国有部門―非国有部門間の賃金格差が縮小すれば、経済全体のＴＦＰ成長率が上昇することが明らかにされた。つまり、労働や資本といった要素市場のゆがみがなく、生産性の高い部門に資本と労働が自由に移動できたならば、現実のように固定資本投資を大きく増加させることなく、高い成長率を記録できたはずだ、というのが彼らの結論である。

一方で、鉄鋼やセメントなど一部の産業における供給過剰や、社会保障制度の不備による消費需要の不足など、需要サイドの問題、すなわち短期の資源配分のミスマッチがもたらす弊害を考えると、中国経済の先行きについてそう楽観的にはなれないのも事実である。

この点については民間企業を中心に、中国の製造業が今後も生産性向上を実現する潜在能力を有している以上、短期の問題、すなわち適切な資源配分さえ政策を通じて実現できれば、自ずと長期にわたる持続的な成長は可能になるはずだ。すなわち、「ダイナミックで生産性向上が見込める民間企業」と「政策のゆがみや改革の遅れで足を引っ張りがちな国有企業」という二分法をとった上で、後者が前者の足を引っ張らないように順次「退場」していくことが、今後の中国の持続的な成長にとって必要になる。これが多くの専門家の一致した見方である。

ゾンビ企業とは何か

国有企業の「退場」というと、真っ先に思い浮かぶのが、いわゆる「ゾンビ企業」の去就であろう。第1章でも述べた通り、現在の中国経済については、政府の適切なマクロ経済政策もあって、株価の急落に代表される短期的な「危機」は解消され、おおむね良好な状態にある。ただ、その分時間をかけて取り組むべき中長期の課題である、供給サイドの問題の重要性が強調される傾向がある。

特に鉄鋼業や石炭産業を中心とした非効率なゾンビ企業の問題は、日本をはじめ海外でも大きな注目を集めている。例えばアメリカのトランプ政権は2018年3月22日に、中国の政府・企業による知的財産権の侵害で米企業に損害が出ているとして、中国製品を対象に最大600億ドル相当の輸入品に25%の関税を課すと宣言し、世界に衝撃を与えた（終章参照）。同政権はそれに先立ち通商拡大法232条に基づく鉄鋼・アルミニウムの輸入制限にも踏み切っている。すなわちゾンビ企業をめぐる問題は、米中経済摩擦の火種として、すでに世界経済の先行きを左右しかねない重要な問題になっているのである。

しかし、中国のゾンビ企業をめぐる問題の構造が、日本の「失われた20年」におけるそれとかなり類似していることについては、十分に認識されていないように思われる。

　そもそも「ゾンビ企業」は、１９９０年代以降の日本経済の長期停滞に関する経済論争の際に盛んに用いられた概念だった。日本経済の長期停滞の原因としてゾンビ企業の存在に注目した代表的な研究が、マサチューセッツ工科大学のリカルド・カバレロらによる研究論文である。彼らはゾンビ企業を、「生産性や収益性が低く本来市場から退出すべきであるにもかかわらず、債権者や政府からの支援により事業を継続している企業」と定義した。そして、その存在が健全な企業の成長を阻害し、生産性を引き下げる、と主張したのである。

　彼らは、銀行からの「追い貸し」すなわち金利減免を受けている企業を「ゾンビ企業」であると判断し、その存在が設備投資や雇用、そして全要素生産性（ＴＦＰ）などの経済パフォーマンスに対しどのような影響を与えているかを実証的に明らかにした。その結果、ある産業内のゾンビ企業の比率が増加するにつれて、投資や雇用の拡大は抑制され、生産性は低下することを明らかにしたのである。

　中国人民大学国家発展戦略研究院が２０１６年７月に発表したレポート『中国ゾンビ企業研究』では、このカバレロらの手法を用いて、中国の鉄鋼業のうち、５割以上がゾンビ企業であると指摘し、話題を呼んだ。同レポートは、ゾンビ企業が増加してきた原因として、地方政府の国有企業との結託、リーマンショック後の景気刺激策の後遺症、海外需要の低迷、国有企業に対するソフトな（審査の甘い）銀行融資などを挙げている。

「失われた20年」に学ぶ

では、ゾンビ企業は実際に中国経済のパフォーマンスを悪化させているのか。その影響は端的に、民間投資の落ち込みとして現われている。例えば、2016年1～7月期の民間部門の固定資産投資の累計額は、対前年成長率が2・1％と、統計の公表を始めて以来最低の伸び率となった。その後民間投資は政府の投資促進策を受けて若干持ち直したものの、マネーサプライや銀行貸し出しの増大が十分に民間投資の増加に結びつかない状況が続いている。カバレロらの研究に従えば、民間投資の低迷こそ多数のゾンビ企業が存続していることの弊害だ、ということになるだろう。

ゾンビ企業による生産性の低下について、どのような対策をとればよいのだろうか。一つの考え方は、低収益、高債務のゾンビ企業を容赦なく市場から「退出」させて、その債務を整理し、より生産性の高い企業に資金が分配されるようにしよう、という「清算主義」である。ラファエル・ラムらIMFの研究グループによれば、ゾンビ企業の存在が第1章で見たような企業部門の債務超過につながっていることを指摘した上で、市場からゾンビ企業を退出させることには、年平均0・7～1・2％ほど成長率を押し上げる効果があるという。

しかし、清算主義を通じたドラスティックな債務整理を行うことは大量のリストラを生じさせ、失業率を急上昇させる恐れがある。その結果、人的資源が有効に活用されず、かえって生産性が低下してしまう恐れもある。

もう一度、日本における「ゾンビ企業」をめぐる状況を振り返ってみよう。多くの研究が指摘するように、２００１年に成立した小泉政権の下では、それまでゾンビ企業とされた業績の悪い企業の多くは次第に業績を回復していった。日本政策投資銀行の中村純一らの研究では、それらの企業が適切なリストラを行ったことに加え、内外のマクロ経済環境の改善、とりわけ２００２年以降の世界経済の成長を背景とする外需の増加がゾンビ企業復活の「追い風」になったことが指摘されている。言い換えれば、国内外の需要が不足したデフレ状況下では、それだけゾンビ企業の比率やその弊害も大きくなるのだ。

実際、中国でも２０１６年以降、柔軟な為替政策と拡張的な金融、財政政策との組み合わせによる景気浮揚策が実行に移され、製造業を中心とした「オールド・エコノミー」の業績が回復に向かうと、その前年の２０１５年に比べてゾンビ企業の割合は大きく減少したことが指摘されている。

供給面の生産性を引き上げるためにある程度のリストラは不可欠だとしても、それは必ず需要面でのショックを抑えるための拡張的な金融・財政政策と組み合わされなければならない。それが、日本における教訓を踏まえた、中国の「ゾンビ企業」に対する正しい処方箋といえるのではないだろうか。その意味で、現在の中国経済のゆくえを占う上で、日本の「失われた20年」の経験に学ぶことは、存外大きな意味を持っている、と言えそうだ。

国有企業の「退場」はスムーズに実現するか

さて、マクロ経済政策で景気を下支えしつつも、国有企業がゆっくりと「退場」していく環境を整えることによって、台頭する民間企業の足を引っ張らないようにする、というシナリオは、実際の中国政府による経済政策にどの程度反映されているのだろうか。

2015年9月に中国共産党中央と国務院は、「国有企業改革の深化に関する指導意見」とその細則を発表、国有企業改革の方向性と基本的なルールを示した。その「目玉」と考えられているのが、国有企業の再編と、「混合所有制」の推進である。ここでいう「混合所有制」とは、形式上は株式会社化しており、民間資本の投資も行われているが、国または国有持ち株会社が支配的な株主になっており、実際の経営に国家の介入を強く受けるような企業形態のことを指す。特に、石油、天然ガス、電力、鉄道、通信など国家戦略の上で重要だとされるいくつかの分野において、大型の企業合併や、民間資本の導入を進めるとされた。

この方針に従い、2016年9月には、ともに大手の国有鉄鋼会社の宝鋼集団と武漢鋼鉄集団が経営統合すると発表、生産量で世界3位の新日鉄住金を上回り、アルセロール・ミタルに次ぐ世界2位の巨大鉄鋼メーカーが誕生した。専門家の間では、一連の改革の方向性を、国家が「企業を管理する」のではなく、「(民間のものを含めた)資本を管理する」体制を目指すものだ、と評価されている。

一連の改革を通じて、政府が国有企業の「国際競争力の強化」を目指していることは間違いない。同時期に李克強首相は国有企業改革についての講話のなかで、今後中国が「一帯一路」などを通じて海外資本との協力を進めていくことが、国有企業にとってのチャンスになると述べている。また国務院は経済の対外開放を進めるという文書を発表し、中国資本の海外進出(「走出去」)とともに、国内の資本市場の対外開放をいっそう進めるという方針を明らかにした。これらはいずれも、今後政府が主導的に、国有企業への海外資本の投資を推進していく可能性を示唆するものである。第2章でも述べたように、海外資本の受け入れの推進は将来の資金不足を解消する有効な手段だからだ。そのためにも、海外資本にとっても魅力的な巨大企業を作り出そうというのが、政府による国有企業改革の狙いの一つになっている。

しかしその一方で、政府が近年進めようとしている国有企業改革の方向性は、大型合併によってこれまでにないような巨大な国有企業を創出し、同時に国有企業内の党組織を強化し、国有資本の流失を防ぐことが強調されている。すなわち、一連の改革によって、むしろ国家や党の介入を強めようとしているのではないか、という懸念が払拭されないものとなっている。それははたして人々が期待する「改革」の進展を意味するのだろうか。

すでに述べてきたように、国有企業との賃金の格差は民間企業の労働者にとって絶えず不満の種となってきた。しかし巨大な国有企業の誕生によって、その格差は縮小に向かうどころか、ますます拡大していくかもしれない。今後の国有企業改革のゆくえは決して楽観視できないだろう。

参考文献

（日本語）
梶谷懐（２０１４）「中国「国家資本主義」論の再検討―分配問題を中心に」『国民経済雑誌』第２１０巻第４号
梶谷懐（２０１６）「労働分配問題から見た「国進民退」―所有制と格差問題」（加藤弘之・梶谷懐編『二重の罠を超えて進む中国型資本主義―「曖昧な制度」の実証分析』ミネルヴァ書房）

加藤弘之・渡邉真理子・大橋英夫（２０１３）『21世紀の中国　経済篇―国家資本主義の光と影』朝日選書
クローバー，アーサー・R（２０１８）『チャイナ・エコノミー―複雑で不透明な超大国　その見取り図と地政学へのインパクト』白桃書房
高口康太（２０１７）『現代中国経営者列伝』星海社新書
中屋信彦（２０１３）「中国「瞰制高地」部門における公有企業の支配状況調査」『調査と資料』第１１８号、名古屋大学大学院経済学研究科付属国際経済政策研究センター
中村純一・福田慎一（２０１２）「問題企業の復活：「失われた20年」の再検証」CIRJE-J-244
ブレマー，イアン（２０１０）『自由市場の終焉―国家資本主義とどう闘うか』有賀裕子訳、日本経済新聞出版社
星野崇宏（２００９）『調査観察データの統計科学―因果推論・選択バイアス・データ融合』岩波書店
丸川知雄（２０１３）『現代中国経済』有斐閣アルマ
丸川知雄（２０１３）『チャイニーズ・ドリーム―大衆資本主義が世界を変える』ちくま新書
三浦有史（２０１７）「近づく中国金融危機の足音―データで読み解く「ゾンビ企業」とレバレッジの実態―」『日本総研 Research Focus』No.2016-040
渡邉真理子編（２０１３）『中国の産業はどのように発展してきたか』勁草書房
（中国語）
聶輝華・江艇・張雨瀟・方明月（２０１６）「中国僵屍企業研究報告―現状、原因和対策」『人大国発院系列報告：年度研究報告』総期第９期
（英語）

Brandt, Loren and Xiaodong Zhu (2010), "Accounting for China's Growth," *IZA Discussion Paper,* No. 4764.

Caballero, Ricardo J., Takeo Hoshi, Anil K. Kashyap, (2008) "Zombie Lending and Depressed Restructuring in Japan," *American Economic Review,* 98, 5, pp.1943-1977.

W. Raphael, Lam, Xiaoguang Liu, and Alfred Schipke (2015), "China's Labor Market in the "New Normal", " *IMF Working Paper,* WP/15/151.

Xia, Qingjie, Song, Lina, Li, Shi, and Simon Appleton (2013), "The Effects of the State Sector on Wage Inequality in Urban China: 1988-2007," *IZA Discussion Paper*, No. 7142.

第6章　共産党体制での成長は持続可能か——制度とイノベーション

1　イノベーションをもたらす深圳のエコシステム

包括的な制度と収奪的な制度

第1章で見たように、中国経済は2015年夏に、上海総合株価指数の急落に端を発した「金融リスク」に見舞われた。しかし、その後の緩やかな人民元安への誘導と、それに合わせた財政・金融面での緩和策が功を奏し、順調な景気回復の流れが続いた。それに合わせて日本でも、深圳におけるメイカー・ムーブメント（後述）やEコマースや電子決済の急速な普及に注目が集まるようになり、「ハイテク立国・中国」を強調する雑誌などの特集が目立つようになった。

それでは、今盛り上がりを見せている「中国発のイノベーション」は、今後もはたして持続可能なのだろうか。

主流派の経済学者の見解は概して否定的である。脆弱な財産権保護、貫徹しない法の支配、説明責任を持たない政府の経済への介入といった中国経済の「制度」的特徴は、持続的な成長のエンジンとなるイノベーションの障害物にしかならないように思えるからだ。持続的な経済成長を阻害し、一部の特権階級を利するように設計された制度を、マサチューセッツ工科大学のダロン・アセモグルとシカゴ大学のジェイムズ・ロビンソンは、その著作『国家はなぜ衰退するのか』のなかで「収奪的（extractive）な制度」と呼んでいる。

アセモグルとロビンソンはまた、イノベーションと経済成長を促す制度を「包括的（inclusive）な制度」と名付けている。包括的な制度は、議会制民主主義に代表される包括的な政治制度と、自由で公正な市場経済に代表される包括的な経済制度とに分けることができる。彼らが歴史上の豊富な事例を挙げながら強調するのは、収奪的な政治制度を採用する国家では、独裁的な権力者が経済的な成功者によって自らの権力基盤が脅かされることを恐れ、その勢いを削ごうとして、遅かれ早かれ収奪的な経済制度を採用するようになる、という「法則」である。

資本主義的な産業社会が高度に発達を遂げた現代においては、財産権と自由な市場競争を保証する「包括的な経済制度」と、それを政治の側から安定的に保証する「包括的な政治制度」の組み合わせが持続的な成長にとって不可欠だ、という彼らのテーゼは、確かに強い説得力を持つ。

同書では、王朝時代から毛沢東時代にかけての中国は、国家が権力を独占したため、「包括的な制度」の形成が阻害され、うまく近代化＝経済発展できなかった典型例として、一貫して否定的に描かれている。また、現在の中国の急速な経済成長についても、それは収奪的な政治制度の下で、部分的に包括的な経済制度が導入されたために生じている一時的な現象であり、例えば韓国のように政治制度が包括的なもの（議会制民主主義）に移行しなければ、いずれ現在の高成長は壁に突き当たる、というのが彼らの基本的なスタンスである。

スタンフォード大学の政治学者フランシス・フクヤマも、今後中国が「高度」で「持続的な」成長を実現するためには、法の支配や政府の説明責任を含む政治改革が必要だ、と主張する（『政治の起源』）。これも、前述のアセモグルとロビンソンの議論と同じく、中国の経済成長の持続性に懐疑的なまなざしを注ぐものといえるだろう。フクヤマは、近代的な政治制度の発展には「国家」「法の支配」「政府の説明責任」の三つの要素が必要だと説いた上で、古代中国は近代的な官僚制を伴う国家体制をいち早く作り上げていながら、国家の力を制限する役割を持つ二つの要素「法の支配」「政府の説明責任」の形成はむしろ阻害されてきたことを強調している。

急増する特許出願の内実

これら主流派の議論を要約すると、イノベーションの持続性を担保するものは、自由な言論、財産権、特に知的財産権に関する法制度などであり、中国には、それらが欠けているので、持続的にイノベーションを生み出すことはできない、ということになる。

ただし中国政府も、そうした批判を十分承知している。そのため、近年は知的財産権保護の政策に力を入れており、2008年には「国家知的財産権戦略綱要」を発表、知的財産権の水準を大幅に引き上げる方針を明確にした。そこでは、特許など一定程度の知的財産を保有する企業を「ハイテク企業」と認め、法人税などを優遇するという方針が明確化された。

さらに2014年には、李克強首相が「大衆創業、万衆創新（大衆の創業、万人のイノベーション、「双創」）」を提唱し、翌2015年1月にはやはり李首相が深圳にある、柴火メイカー・スペースを視察したことが各種メディアによって報道されるなど、イノベーションの推進に積極的な習近平政権の姿勢は際立っている。そして2015年3月全人代では、政府活動報告のなかに「双創」の推進という文言が盛り込まれた。また同年には国務院通達の形で「中国製造2025」と題された包括的な産業政策のパッケージも公表され、IT技術と製造業が融合したイノベーションを通じて世界の「製造強国」の仲間入りを果たし、２０４９年（建国１００周年）にはこの分野で世界一を目指す、という方針が示された。さらに２０１６年5月に、中国国務院弁公庁は「大衆創業・万衆創新モデル拠点の建設に関する実施意見」を発表、北京市海淀区、天津市浜海新区中心業務地区、深圳市南山区、重慶両江新区、貴州貴安新区など全国28ヵ所のハイテクモデル地区を指定した。また、政府機関、金融機関、民間企業などから資金を集め、企業の資金調達やM&A（合併買収）などを支援する「産業投資基金」も数多く設立され、イノベーションや研究開発を資金面で支えている。

政府のイノベーション促進の姿勢を受けて、中国国内の特許出願数は近年急増し、２０１５年には約１１０万件と米国を抜いて世界一になった（２０１７年には約１３８万件）。ただし、これらの数字や派手な目標に捉われすぎるのも危険だ。「特許」の実態は玉石混交であり、とても「独自技術」とは呼べないようなものもかなり入っているからだ。一定レベルの技術的裏づけに基づいた特許となると、国際特許の出願数を見る必要がある。

図6-1が示す、中国企業が出願した国際特許数の急増ぶりは顕著である。２０１６年の段階では日本がかろうじて2位を保っていたものの、17年には中国が13％増の４万８８８２件、日本が４万８２０８件とついに逆転された。ただ中国の場合、国際特許を出願する企業は、これまでファーウェイ（華為技術）、ZTE（中興通訊）、BOE（京東方科技集団）、テン

図6－1　国際特許出願件数の推移

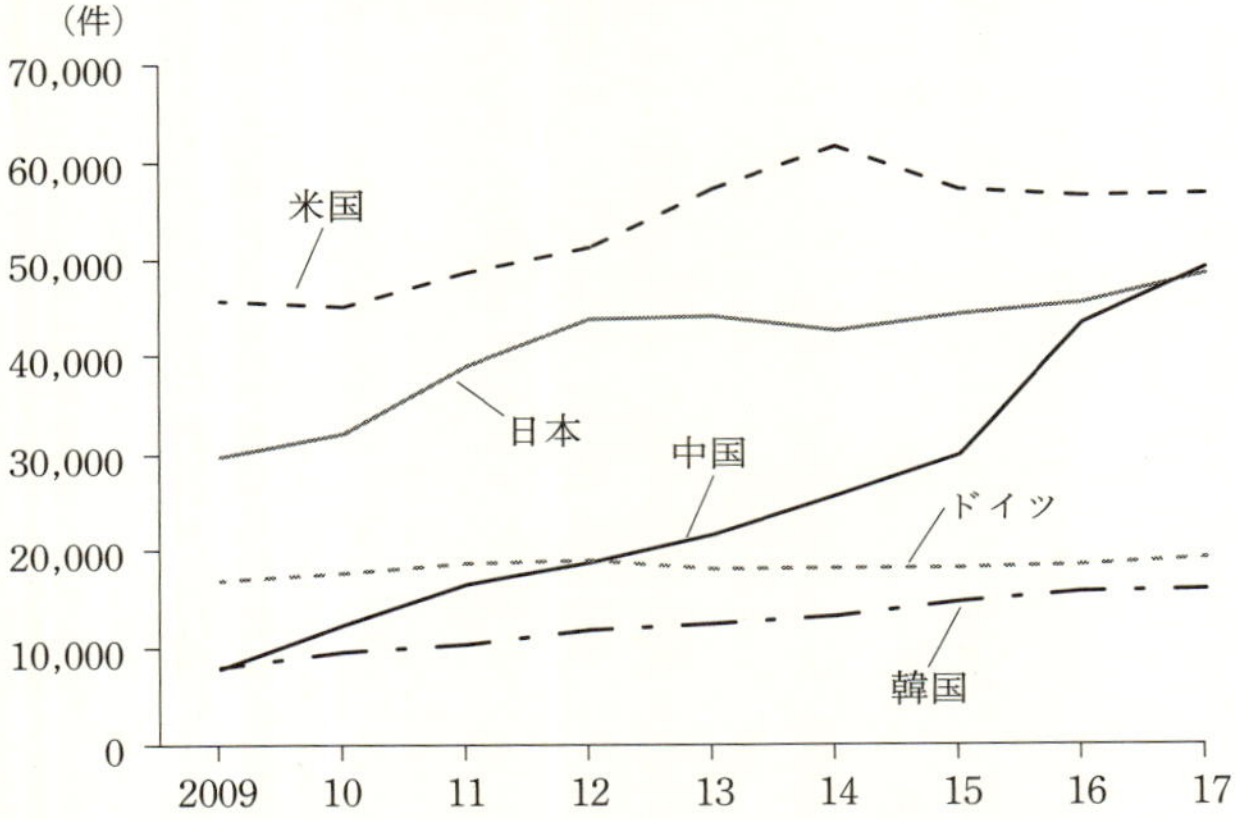

出所：WIPO, PCT Yearly Review

表6－1　国際特許出願のTOP5企業

	2015		2016		2017	
	企業名	件数	企業名	件数	企業名	件数
1	**華為技術（中国）**	3,898	**中興通訊**	4,123	**華為技術**	4,024
2	クアルコム（米国）	2,442	**華為技術**	3,692	**中興通訊**	2,965
3	**中興通訊（中国）**	2,155	クアルコム	2,466	インテル（米国）	2,637
4	サムソン電子（韓国）	1,683	三菱電機	2,053	三菱電機	2,521
5	三菱電機（日本）	1,593	LG電子（韓国）	1,888	クアルコム	2,163

出所：図6－1に同じ

セント（騰訊控股有限公司）など、高い技術レベルを誇る一部の民間企業に限られていた（表6-1）。特に2012年まではファーウェイとZTEの2社で、中国企業による国際特許の出願全体の約30%を占めていた（その後、他の企業が伸びてきたために20%前後まで落ちている）。ファーウェイ、ZTE、テンセントなど、盛んにイノベーションを行っている企業は深圳に本拠地を置くものが多い。以下では、活発なイノベーションの中心として近年注目を集めている深圳市の状況を見ていこう。

知的財産権をめぐる三つの層

中国が進める大衆による起業とイノベーションの中心となっているのが、電子産業の集積する広東省深圳市である。深圳には、1980年代の対外開放政策でいち早く経済特区が設けられ、労働集約的な産業の加工貿易などで急成長した。その後、賃金上昇や外資優遇政策の転換により、労働集約的な産業の多くが撤退した。その一方、電子部品を供給するための「専業市場（卸売業者や製造業者がブースを並べる雑居ビル）」が急速に整備されるなど、電子産業の集積地としての顔を持つようになった。なかでも1・45平方キロメートルの敷地に電子専業市場が立ち並び、3万件以上の業者が出店する華《か》強《きょう》北《ほく》地区は、世界最大規模の電子製品や部品の市場として注目を集めるようになる（深圳市福田区委区政府編2016）。

深圳市の電子産業などによるイノベーションの第一の特徴は、それが（知的）財産権の保護が十分ではない状態の下で生じている点である。第二の特徴は、法の支配が貫徹せず、不確実性の大きな市場において、アリババやテンセントなどの大手IT企業が「情報の仲介者」としてプラットフォームを提供することで、安定した取引を成立させる仕組みが働いていることである。三つ目は、先駆的な企業が政府の規制を無視した行動をとることで、なし崩し的に「制度」を変化させる、という現象がしばしば見られることである。これらの点について、以下順番に見ていくことにしよう。

まず、こうした中国経済を支える活発なイノベーションが、「明確に定義された（知的）財産権」「法の支配の貫徹」といった、欧米社会で普遍的とされる「包括的な制度」を欠いた状況で生まれている状況をどのように考えればよいのか。

ここで注目したいのは、深圳では、知的財産権の保護に関して、考え方のまったく異なる企業群が共存している点である。そもそも深圳の状況は、ファーウェイやZTEのような大企業だけでは語れない部分がある。これを知的財産に関する姿勢という点で、「プレモダン層」「モダン層」「ポストモダン層」という三つの層に分けて、整理してみたい。

一つ目の「プレモダン層」とは、一言でいうと知的財産権をまったく無視する世界である。この層を象徴するキーワードが「山寨《さんさい》」である。これはもともと山の砦、山賊の住処という意味で、日本でいうところの「海賊版」ならぬ「山賊版」といったところか。15年ほど前、発展途上国を中心に世界を席巻したのが、ノキアやエリクソンといったブランド物の外見だけをコピーした「山寨携帯」だった。これらは2000年代の初頭から深圳で大量に造られていた。この知的財産権をまったく無視する層を、近代的な法律遵守の観念をそもそも持っていないという意味で、仮に「プレモダン層」と名づけたい。

二つ目が、先ほど触れたファーウェイやZTEのように、特許（パテント）に代表される近代的な知的財産権によって、独自の技術をガッチリ囲い込むという戦略を採用している「モダン層」である。

さらに三つ目として、独自の技術を開発するものの、それを特許で囲い込むのではなく、むしろ積極的に開放し、さまざまな人が関わることでイノベーションを促進していこうとする層がある。これを「ポストモダン層」と名づけておこう。

筆者は、これら三つの層が渾然《こんぜん》一体となっているのが、深圳のエコシステム（産業生態系）の一つの特徴であると考えている。それは決して「上から」の設計では生まれてこないものである。つまり中国政府が「知的財産権を無視して山寨携帯電話を造る企業がたくさんあることが望ましい」と思っているわけではない。しかし、この多様性が、イノベーションを生み出す一つの源泉になっているのではないだろうか。

知的財産権無視の世界と「垂直分裂」

まずプレモダン的な、知的財産権無視の世界を見ていこう。

この世界を象徴するのが、前述の「山寨携帯」である。山寨携帯が爆発的に広がったのは十数年前のことだが、これには技術的な裏づけがあった。まず、台湾の半導体企業「メディアテック（聯発科技）」が、携帯電話用の汎用ICチップを開発し、携帯電話を造る際に必要な、汎用的な電子チップや電子基板が簡単に入手できるようになった。すなわち、それを入手できれば高度な技術がなくても携帯電話が組み立てられるという状況が生まれたのである。

また、中国では携帯電話事業などの通信産業は、政府の厳格な管理の下に置かれていた。携帯電話端末を生産するには政府から営業許可をとらなければならず、さらに新しい製品を開発したときには、きちんとネットワークにつながるかどうか接続検査を受けなければならない。ところが、汎用ICチップが開発されることにより、営業許可や接続検査等の行政手続きを受けることなく生産、販売に参入する「山寨携帯」を製造する零細業者が急増した。これらの零細業者はライセンスの取得にかかるコストが節約できるばかりか、新製品――そのほとんどが有名企業のモデルのコピーや、従来の機種に目新しい機能をくっつけたものだった――を開発すると、すぐに市場に投入できたのだ。

現在でも、華強北の雑居ビルに足を踏み入れれば、スマートフォン用の電子部品がひと山いくらといった感じで売られており、「山寨携帯」のメッカとして盛り上がっていたときの熱気の余波を感じることができる。こういった「スマホ（部品）のたたき売り」のような現象は、第5章で述べた丸川知雄のいう「垂直分裂」と密接な関係を持っている。

すなわち、携帯電話やスマホの企画・設計、組み立て、回路設計・ソフト開発、基板製造、部品調達などの工程は、日本であればパナソニックとかシャープといった一つの企業内に統合されている。しかし中国の「山寨携帯」「山寨スマホ」では、一つ一つの行程が独立した零細企業によって担われるという極端な分業体制がとられている。だから、零細業者でも電子部品を基板に取り付けるチップマウンタという機械さえ購入すれば、雑居ビルで安い部品を買いそろえてスマホ市場に参入できる。こういった「垂直分裂」に基づく生産体制をとることによって、個々の細かい工程には大きな設備投資をする必要がないため、企業の参入障壁は極めて低くなる。そうしてどんどん新規参入してくる零細企業による激しい価格競争によって、中間財部門の生産コストが非常に低くなり、本体の価格も安くなる。

こうして電子関係の知識がなくても、すでに市場に出回っている汎用品のプリント回路板（PCB）、電子部品、金型などを使って、名前だけ変えて製品を出すという行為が可能になった。ちなみに、汎用性の高い電子部品や金型は「公共のもの」、要するに「共有されるもの」と言う意味で「公板・公模」と呼ばれている。ただし、こういった同質化した製品を安さだけを武器に市場に投入するビジネスは、過当競争と市場の飽和によって次第に先細りになっていくことは避けられない。模倣ビジネスが持続可能であるためには、イノベーションの成果である新製品が絶えず市場に投入される必要があるのだ。

王道をゆくファーウェイ

次に、「モダン層」の代表としてファーウェイをとりあげよう。

ファーウェイは日本ではSIMフリー（SIMロックがかけられておらず、キャリアに縛られずにどの通信業者とも契約できる携帯電話）の携帯端末の製造・販売を行う企業としてのイメージが強いが、実際は通信事業者向けのコンピュータや通信機器が売り上げの約60％を占めているB2B（企業間）ビジネスの巨人である。特に電子商取引やクラウド・コンピューティングを支えるデータセンターについて、ファーウェイはその必要な機器をすべて自主開発し、供給できる能力を持つ。すなわち、前項でみた山寨携帯のビジネスモデルとは全く対照的な、垂直統合型の生産体制がこの企業の特徴である。近年では次世代（5G）の通信インフラの研究開発をNTTドコモやソフトバンクと共同で行っていることでも知られる。

２０１７年６月には、千葉県船橋市に「製造プロセス研究ラボ」と名付けられたR&D（研究開発）施設の建設を予定していると報道された。これまで、海外直接投資というと日本から中国に対して行われるもの、という固定観念があった日本では、このニュースは驚きをもって受け止められた。日本では、世界レベルで評価されるファーウェイの技術力の高さについて、これまで十分に認識されていなかったからである。しかし、ファーウェイは自社内に約８万人のR&D要員を抱え、特許の国際申請数ではここ10年、世界のトップ５に常時入るという高い技術力を誇りにしている。ファーウェイは独自技術を開発し、特許でそれを囲い込むという知財戦略の王道を展開しているといってよい。

オープンソースを通じたイノベーション

すでに述べた二つの層と比べると、よりわかりにくいのが「ポストモダン層」かもしれない。ここでは代表的な企業としてＳｅｅｅｄ（深圳矽递科技有限公司）をとりあげよう。Ｓｅｅｅｄは２００８年に、元はインテルのエンジニアだったエリック・パンによって設立された。雑誌『Ｆｏｒｂｅｓ』中国版にもとりあげられた、注目の若手企業家である。

Ｓｅｅｅｄの事業を説明する際のキーワードは「オープンソース・ハードウェア」である。「オープンソース」とは、ソフトウェア開発において提起された概念で、ソフトウェアのコードを公開して、自由なコピー・改良を認め、多くの技術者が開発に参加することでイノベーションを促進する、という考え方である。

オープンソースの考え方で開発されたソフトとして、OSのLinux、ウェブブラウザのFirefoxなどがある。この対極にあるのがマイクロソフトのWindowsで、情報を漏らさないように、自社のなかでせっせと開発を積み上げていき、新製品を出す、という考え方である。このオープンソースの発想は、近年、ハードウェアの領域にも適用されるようになってきた。背景としては、3Dプリンターの普及やIoT技術の発展によって、ハードウェア開発の発想が、ソフトウェアに接近していったということがある。この動きを先取りしたのが、2012年に日本でも翻訳が出版されたクリス・アンダーソンの『MAKERS』である。

Seeedは、深圳においてオープンソース・ハードウェアの製造を先導してきた企業である。自社で開発した製品の回路図、CADデータ、付属するソフトウェアのコードなどを、すべて外部に公開していて、何か改善点があれば、それをインターネットで募集する形になっている。例えば、〝Arduino（アルデュイーノ）〟という、おもちゃの自動車やドローンを動かせるようなキットなど多くのIoTのハードウェアの製品に組み込まれているマイクロコンピュータがある。スマホのアプリなどで簡単にプログラムを組んで動かせるのが特徴だが、これも設計図が公開されていて、誰でもコピーや改変できる（ただしその場合Ａｒｄｕｉｎｏという名前は使ってはならないので、〝Ｓｅｅｅｄｕｉｎｏ〟のような名前をつけて販売することになる）。そういったオープンソース・ハードウェアを、Ｓｅｅｅｄは開発して販売している。

もう一つの重要な事業として、顧客の注文に応じた数十から数百といった小ロットの電子部品の製造がある。これは、個人ベースでハードウェアのものづくりに取り組み、その延長線上で起業しようとする人たち、すなわち〝Ｍａｋｅｒ（メイカー）〟の支援としてこの企業が取り組んでいるものだ。アイディアだけがある「Ｄｒｅａｍｅｒ」がプロトタイプ（試作品）を作成することで「Ｍａｋｅｒ」となり、１０００個の完成品を作ることができれば「Ｈａｒｄｗａｒｅ Ｓｔａｒｔｕｐ」、すなわち起業する段階に入る。そこで資金を集め、１万個以上の製品を作るようになれば、立派な企業になる。このステップを支援していくというのが、Ｓｅｅｅｄによるメイカー支援のコンセプトである。

このＳｅｅｅｄに代表されるように、深圳には、試作品の製造を小ロットで請け負う起業、創業資金を出資するベンチャーキャピタル、メイカーに場所を提供し、情報共有や資金提供者とのマッチングをサポートするメイカースペースが集積しており、中国国内だけでなく世界中からメイカーが集まる聖地となっている。その様子は高須正和の著書『メイカーズのエコシステム―新しいモノづくりがとまらない。』に詳しい。

「パクリ」とイノベーションの共存

では、そうした深圳におけるメイカー・ムーブメントと、コピー製品の横行が、はたして両立するのだろうか。結論からいえば、筆者は、それが結果的に両立しているところこそが深圳の面白さだと考えている。

主流の経済学の考え方でいえば、知的財産権の保護は非常に重要で、企業はイノベーションによって利益を得たいからこそ一生懸命にR&Dを行うのであり、その利益がパテントで守られなければ誰もR&Dをやらなくなってしまう。しかし、近年はそれへの反論が生まれてきている。代表的な議論がカリフォルニア大学ロサンゼルス校のカル・ラウスティアラとニューヨーク大学のクリストファー・スプリグマンの『パクリ経済』である。彼らによると、コピー製品が存在し、流通すること自体がイノベーションを促進する側面がある。そもそも世の中には、新しいことを考えても、それがパテントで保護されないようなものが多数存在する。代表的な例がレストランのレシピで、新しい創作料理レシピを考え出しても法律で保護されはしない。あるいは漫才師やコメディアンのネタもそうだが、にもかかわらずコメディアンたちは新しいネタを考え続ける。

では、コピーが流通すること自体がイノベーションを促進するというのは、どういうことか。要するに、安価なコピー製品が出回ることによって、爆発的な需要の拡大が起こる可能性があるということだ。日本でもブームになったハンドスピナーもそうした例の一つである。米国で開発されたハンドスピナーは、もともと高価なおもちゃだったが、深圳でコピー製品が作られて、オリジナルの5分の1くらいの値段になった途端、爆発的に世界に広がった。コピー製品がなかったら、これほどのブームは起きなかっただろう。

経済学者のなかにも、イノベーションと知的財産権の関係に疑問を投げかける者はいる。例えば、コロンビア大学のジョセフ・スティグリッツとブルース・グリーンウォルドは、イノベーションにはパテント保護、表彰、政府の支援という三つのイノベーション・システムの組み合わせが重要であると指摘している。そして、西側先進国では知的財産権の保護が過度に重視されているため、社会的なコストがかえって大きくなっていることを指摘している。先進国において一般的な、知的財産権保護を通じた技術開発のシステムは、勝者がすべてを得るという仕組みであり、社会的なリターンと私的なリターンとの乖離が大きい。すなわち、イノベーションによって得られた技術が独占されたり、他者の知的財産権を侵害することを恐れて、特に中小企業のR&Dが抑制されたりするなど、強力な知的財産権保護がかえってイノベーションを阻害する可能性があることを指摘している。

ガイド役としての「デザインハウス」

また、コピー可能な状況があるからこそ、ものづくりに関する先進的な取り組みが生まれる可能性が存在するという面もある。例えば、山寨品やパクリが横行する世界では、有象無象の業者が参入してくるため、品質の悪い部品を摑ませられることも少なくない。どういう業者と付き合えばいいのかわからないという状況がある一方で、それを解決してくれる存在も深圳のエコシステムには存在する。「デザインハウス（IDH、方案公司）」と呼ばれる一連の企業がそれにあたる。

深圳でJENESISという電子機器の受託生産を行う企業を経営している藤岡淳一によれば、デザインハウスは、もともとはインテルやクアルコムなど大手IT起業の下請けとして電子機器の回路図などの設計・製造を請け負う企業だった。現在は、それを超えた電子系の企業の指南役ともいえる役割を果たしている、ユニークな存在である（藤岡淳一『「ハードウェアのシリコンバレー深圳」に学ぶ―これからの製造のトレンドとエコシステム』）。

JENESISのような企業が顧客から「インテルのチップを使ってタブレットを作ってほしい」といった注文を受けると、まずデザインハウスにマザーボードを発注する。そのとき、デザインハウスからはマザーボードの設計だけではなく、どういう電子部品を使えばいいかという詳細なリストが送られてくる。そのリストには、一つ一つの部品について、何という会社に発注すればいいか、電話番号までついているという。要するに、どの会社がちゃんとした部品を作ってくれるのかという知識がなくても、新製品を出せるということだ。

これに関して藤岡は、次のように解説する。深圳は、確かに部品を供給する工場など、サプライチェーンが整備されていることが強みだが、それだけではエコシステムは成り立たない。というのも、深圳は無数のプレイヤーが乱立するジャングルのようなもので、森をかき分けて最適解を見つけることが極めて困難であるため、ガイドが必要なのだ。デザインハウスは基盤設計を担っているだけでなく、「この会社と付き合えばいいですよ」といったガイドの役割をしてくれる。本来ならば極めて難易度の高いはずの深圳エコシステムを容易なものに変えてくれるのが、デザインハウスだというわけだ。

「囚人のジレンマ」をいかに解決するか

今の話を、ちょっと難しい理屈をつけて考えてみよう。「囚人のジレンマ」という非常に有名な話がある。相手とコミュニケーションをとれない、信用できるかどうかわからない場合に、お互い協調するとよい結果が出るけれども、一方が裏切ると裏切った側が得をして、もう一方が損をする。そうすると、お互いに裏切り、取引が成立しないケースが解として出てきてしまう、というものだ。

表6-2は、典型的な囚人のジレンマの状況を、戦略型のゲームの利得表として示したものである。1回のみのゲームではプレイヤー1、2ともに「裏切り」を選択し、双方の利得が（-3,-3）で表される状況がナッシュ均衡（他のプレイヤーの戦略を所与とした場合、どのプレイヤーも自分の戦略を変更することによってより高い利得を得ることができない戦略の組み合わせのこと）となる。しかしこの状況はプレイヤー1、2ともに「協調」を選択することにより、双方の利得が改善される余地があるため、このような状況を「囚人のジレンマ」と呼んでいる。プレイヤー間の相互の協力、裏切りによって実現する利得が表6-2のようなものである限り、1回のみのゲームでは囚人のジレンマ的な状況を避けられない。

表6-2　囚人のジレンマ

	協調（C）	裏切り（D）
協調　（C）	(5, 5)	(-4, 6)
裏切り（D）	(6,-4)	(-3,-3)

注：行はプレイヤー1の戦略、列はプレイヤー2の戦略を表す。また、（　）の中の最初の数字はプレイヤー1の、二番目の数字はプレイヤー2の利得を表す
出所：岡田章（2011）

藤岡のような第一線のビジネスマンにいわせると、深圳は起業しようとするものにとって「ジャングル」のような、誰を信用していいかわからない世界である。そこでは、何も情報がなければ（裏切り、裏切り）というお互いに損をする結果しか得られない、まさに囚人のジレンマ的な状況が広がっている。こういう場合に取引を成立させるには、どのような解決方法があるのか。社会の「制度」と個人や企業の経済活動との相互依存関係についての研究

で知られる経済学者のサミュエル・ボウルズは、「報復」「評判」そして「分断」という三つの解決方法があることを指摘している。

このうち、「報復」とは経済主体間の長期間の取引関係を前提とし、「相手が裏切らない限り協力する」という「条件付きの協力」にコミットすることで、相手に長期的な利益を台なしにする裏切り行為を行わないようにさせ、協調を実現させるものである。

第二の「評判」は、取引相手が協力してくれるタイプの人間かどうか、その人物に関する「評判」を入手することによって、取引を結ぶかどうかを決定するものである。また、後述する「仲介」は、この「評判」メカニズムに関する情報収集を第三者に委託することによるリスク回避の形態として理解できるだろう。

三つ目の「分断」は、規模の小さな共同体（「村」）に住む、したがって裏切る可能性の低い人々同士が頻繁に取引することによって、取引のリスクを回避するというものである。例えば、中国浙江省の温州《おんしゅう》市は昔から商業が盛んで、同市出身の商工業者は「温州商人」と呼ばれ、中国全土はおろか海外でも積極的にビジネスを展開していることで知られる。この温州商人は温州商人としか取引しないといわれ、結婚相手もまた温州人からしか選ばないという、非常に排他的なネットワークのなかで商取引を行っているのが特徴だ。「分断」は、こういった同族ネットワークのなかでの取引、もしくは共同体内部での取引として理解できよう。

では、実際の取引では、囚人のジレンマを回避する方法は、どのように機能しているのだろうか。例えば、アリババのようなEコマース企業が提供している電子商取引のプラットフォームでは、取引成立後に取引相手の評価をお互いに必ず行うことになっている。評価が高ければ信頼できるだろう、というように「ジャングル」において誰と取引するべきかを判断する基準が提供されているわけだ。ただ、これは深圳の電子産業のような専門的な製造の現場では限界がある。

あるいは、日本企業の「系列取引」のように、製造企業とサプライヤーとの長期間の安定した取引によって不確実性を減らしていくケースは、ボウルズの理論でいえば「報復」と「分断」の組み合わせのようなものだといえるだろう。しかし、現在の電子産業のように変化のめまぐるしい分野では、このやり方は有効ではない。もっと安くて品質のよい業者が他にあるかもしれないし、状況に応じて製品のラインナップを変えていく必要もあるからだ。

そう考えると、深圳のデザインハウスのような、高度な技能と知識を持ち、設計も行う業者が現地の零細業者と、その事情に詳しくない製造企業との間を積極的に仲介していく方式は、変化の激しい産業を成立させる「エコシステム」として、一つの最適解を提供している、といえるかもしれない。

図６－２　知的財産権：三つの層の相互関係

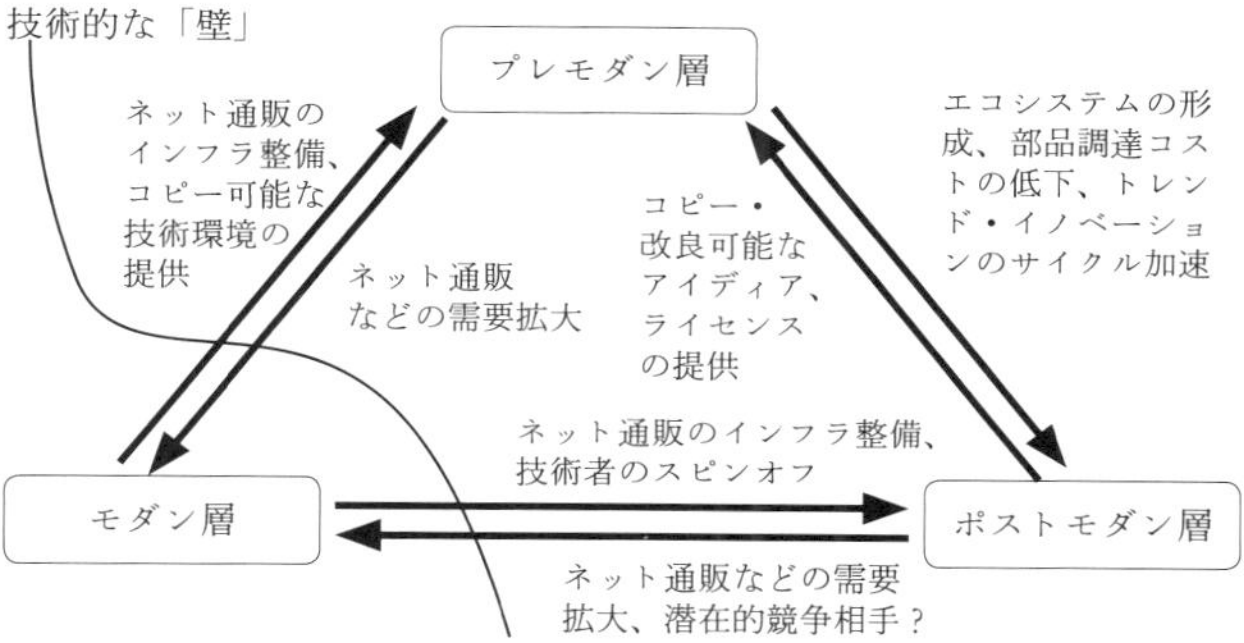

出所：筆者作成

三つの層が補完し合うシステム

注目しておきたいのは、デザインハウスのビジネスモデルが深圳で広がるきっかけは、先ほど触れた今世紀初頭の山寨携帯電話の爆発的な広がりだったという点だ。ひと山当ててやろうと参入してきた、素人同然の携帯電話業者と、有象無象ばかりの零細部品企業を仲介することによって、「パクリ行為」をビジネスとして成り立たせていたのが、このデザインハウスである。見方を変えれば、パクリしかできないような企業が参入しやすい環境とは、製品開発にかかる固定費などが節約できる環境でもある。言い換えると、パクリ行為が横行したがゆえに、それをビジネスとして成り立たせるシステムが自生的に構築され、そのシステムがクリエイティブな企業もサポートするというメカニズムが働いたわけだ。

このプレモダン・モダン・ポストモダンという三つの層は、図6-2が示すように、実はお互いに補完するような関係にあると考えられる。

すなわち、「プレモダン層」は、知的財産権とは関係ないように見えても、実はポストモダン層のスタートアップ企業を支えるようなエコシステムを生み出す背景となっている。一方、モダン層に位置するファーウェイのようなR&D型の大企業と他の二つの層の間には、技術的に超えがたい壁がある。それでも、ファーウェイが提供するネットワーク、電子商取引といったインフラの整備により、プレモダン層やポストモダン層の活動がより活発になっていることは間違いない。

第4章の終わりで述べたように、現在の中国では、テクノロジーの進歩によって、ある部分では日本よりもずっと進んだ、これまで誰も経験していない情景が広がっている。その一方で、法の支配のような近代的な制度やそれを支える価値観がほとんど及ばない領域も、社会のあちこちに見られる。すなわち、「まだらな発展」ともいうべき状況が、社会の矛盾とともに、独特のダイナミズムも生んでいるのだ。

2　権威的な政府と活発な民間経済の「共犯関係」

存在感を強める「仲介」行為

中国でのイノベーションのもう一つの特徴として、法の支配が貫徹せず不確実性の大きな市場で、アリババ集団やテンセントなどの大手IT（情報技術）企業が「情報の仲介者」としてプラットフォームを提供し、安定した取引を成立させる仕組みが働いてきたことを指摘できよう。

中国ではクレジット決済を含めた、民間経済主体の信用取引が極めて未発達である。債務不履行に陥った企業に対して銀行取引停止などの制裁を科す「不渡り」制度など、企業間信用を支える法制度が未整備なうえ、零細企業の参入が相次ぐ産業構造により、企業同士が長期的取引関係を結びにくいことも信用取引を妨げる要因になっていた。

アリババの画期性は、信用取引が未発達な社会で、取引遂行をもって初めて現金の授受がなされるという独自の決済システム（支付宝＝アリペイ）を提供し、信用取引の困難性というハードルを乗り越えた点にある。

アリババが提供するオンライン取引のプラットフォームにはB2B取引を中心とする阿里巴巴、B2C（企業と個人間）取引の天猫（Tモール）、C2C（消費者間）取引の淘宝網（タオバオワン）があるが、いずれも決済のやり方はおおむね次のようなものである（図6-3）。

図6－3　アリペイによる第三者決済

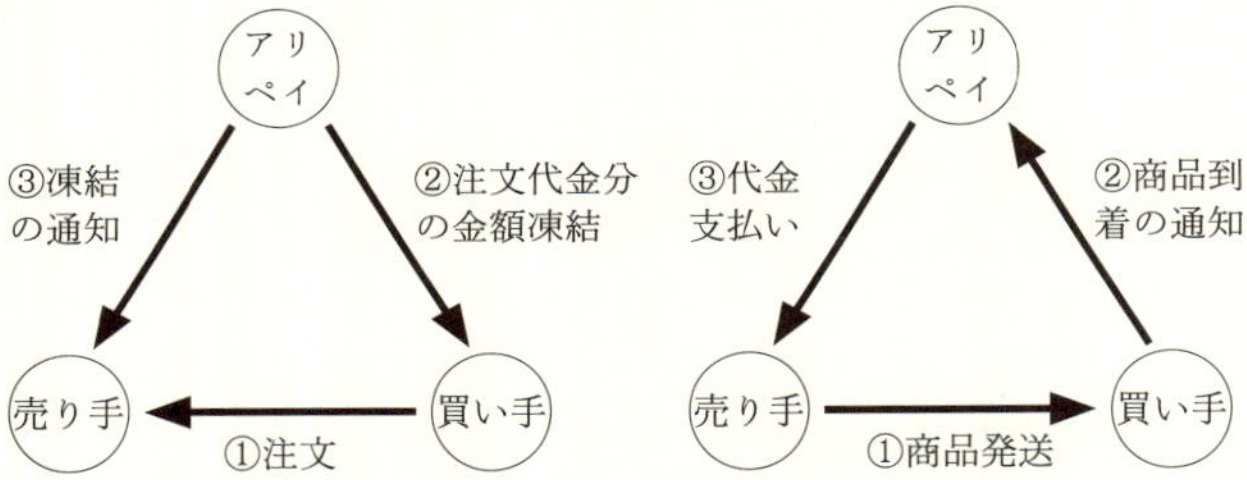

※売り手・買い手はお互いを「信頼」する必要はない

出所：筆者作成

まず第1段階では、買い手がウェブサイトで気に入った商品を見つけて注文を行うと（①）、アリペイに置かれた買い手の仮想口座のなかから代金分が差し押さえられ（②）、アリペイが売り手にこの注文について通知する（③。この段階では、まだ取引は完成していない）。

第2段階ではそれを受けて、売り手が買い手に商品を発送する（①）。買い手は商品を受領した後、品質など不満がなければそのことをアリペイに通知する（②）。通知を待ってアリペイは差し押さえていた代金を買い手の口座から売り手の口座に振り替える（③）。

すなわちアリペイ、あるいはテンセントが提供するウィチャットペイ（微信支付）は、取引における第三者的な「仲介」の役割を果たし、ネット取引における売買双方の心理的負担と信用リスクを軽減することによって、円滑な取引を実現し、ネット上の小口取引を急拡大させたのである。また、ネットを通じた相互評価のシステムは、同質化した業者が殺到しがちな市場構造のなかで、取引すべき相手を探すのに有益な情報を提供している。

第三者決済や前述のデザインハウスなど、IT技術の進歩と合わせて中国で広がったビジネスモデルは、信頼できる第三者による「仲介」の役割を重視し、第三者による請負が普遍的に行われてきた中国の伝統的な商慣習にもかなっている。鄭作時の言葉を借りれば、「アリペイは保証人のようなものである。（中略）ある村に皆から信頼されている保証人がいれば、その村の住人同士が行う取引は活発になり、誰もが取引に伴うメリットを享受できるようになる」（『馬雲のアリババと中国の知恵』）というわけである。

このように、信頼できるプラットフォーム企業の仲介機能によって「信用の壁」を乗り越えたところに、アリペイなど第三者決済の画期性があった。それを一歩推し進めたものとして注目を集めるのが、アリババ傘下のアント・フィナンシャルが開発した「芝麻信用」などの社会信用スコアである。これは、アリペイなどの決済・取引プラットフォームに蓄積されるデータから割り出される個人や企業の「信用度」を、一目でわかるスコアに置き換え、信用取引にかかる審査などのコストを大きく引き下げることを狙ったものである。アント・フィナンシャルは芝麻信用を利用して、農村などこれまで「情報の非対称性（取引相手の情報が不足しており、取引に不確実性を伴うこと）」が大きく、融資を受けるのが難しかった中小企業および個人事業者に対しても融資サービス（網商貸、旺農貸）を提供している。また、近年のシェアリング・エコノミーの進展も無視できない。

中国社会では、アリババやテンセントといった巨大ネット企業、あるいは配車サービス大手の滴滴出行のように、取引のためのプラットフォームをインターネットを通じて提供するビジネスモデルが急速に広がりつつある。

前述のように、アリババなどのIT企業による膨大な顧客情報の集積を通じた仲介サービスは、中国の伝統的な商慣習をテクノロジーを活かして現代的にアレンジしたものという側面を持っている。巨大企業の提供するプラットフォームを介したインターネット取引の普及は、開発された新製品に消費者がいち早くアクセスし口コミを広めることで、より多くの市場を獲得する可能性を提供している。また、信頼できる中間財の購入先をより容易に見つけ出せることなどを通じ、製品開発や製造コストを引き下げ、イノベーションを活発化させる役割を果たしていると考えられる。

このことは、伝統的な商習慣として社会のなかに根付いてきた「仲介」が、最新のテクノロジーに支えられながら形を変えて現代中国社会で存在感を増しつつあることを示している。また、製造業の分野における「設計の標準化」や「部品の共通化」、すなわちものづくりの「モジュラー化」の進展もこのような潮流を後押ししていると考えられる。特に技術革新が著しい電子産業などの分野では、特定の企業と長期的な取引関係を結ぶよりも、より有利な条件を提示する新規の取引先と契約したほうが効率性の面で望ましい、というケースが次第に増加しつつあるからである。

ハイエクの「自生的な秩序」と中国経済

中国でのイノベーションをめぐる三つ目の特徴として、先駆的な企業が政府の規制を無視した行動をとることで、なし崩し的に「制度」を変化させる現象がしばしば見られることを挙げておきたい。例えば中国政府は2016年11月、法律上認められていなかった一般ドライバーの配車サービスへの参入について、一定の条件を定めた上で合法化した。これは配車サービス大手の滴滴出行などが展開していたサービスを事後承認したものにすぎない。民間企業などがなし崩し的にシステムの裏をかき、政府が事後に解決を図るという現象は、めまぐるしい市場の変化に対応する「自生的秩序」を形成し、経済全体に活力をもたらしてきた。

ここでいう「自生的秩序」とは、独特な自由市場経済の思想を唱えたことで知られる、フリードリヒ・ハイエクによって提唱された概念である。政府が法規制を整備する前に民間企業の行動によって次々とデ・ファクト（事実上）のルールが形成され、それが社会全体のイノベーションを加速していくという一連の過程を、ハイエクによる「自生的秩序」の概念でうまく捉えることができるのではないか、と筆者は考えている。

よく知られるようにハイエクは、法制度などの社会的ルールについて、「(国家)エリートによって意図的に形成されたもの(テシス)」と「長い時間をかけて形成されてきた慣習に基づくもの(ノモス)」とを慎重に区別した。特定の人々の恣意的な判断や利害が反映されがちな「テシス」は、もともとある一定の目的に従って創立された組織などの、「つくられた秩序(タクシス)」の下では有効に機能する。しかし、そのような「つくられた秩序」を、複数の価値観が共存し、複雑さに満ちた「拡張した秩序(コスモス)」と混同し、後者についてもある一定の目的に沿った立法によってより望ましい方向に導くことができると考えることを、ハイエクは全体主義につながる「設計主義」として厳しく批判した。

また彼は、特定の目的に沿って形成されない「自生的秩序」こそ、コスモス=人間社会の本質であり、そこでは長期間にわたる人々の試行錯誤から生成する自然法的なルール(ノモス)が、健全で慎重な判断を可能にし、人々が従うべきルールとして機能すると考えた。「自生的秩序」の形成において政府が果たすべき役割は、進化の過程で生まれてきた慣習を「法」として明文化することにとどまるべきであり、政府自体が何らかの社会的な目標を設定し、それを実現するための「法」体系を設計することではない。このような、行為主体(アクター)が相互作用を繰り広げる実践の現場において紡ぎ出す制度を捉えたハイエクの思想に注目することは、先進諸国で進展した既存の制度理論によって抜け落ちた部分に光を当てる上でなお有効であろう。

現在なお「社会主義」であることを標榜《ひょうぼう》している中国の政治経済体制に対して、社会主義を生涯にわたり厳しく批判し続けたハイエクが、より開かれた望ましい社会のあり方としてたどり着いた「自生的秩序」概念を適用することには異論もあるだろう。しかし、ハイエクの描く「自生的秩序」は、もともと特定の誰かが青写真を描いたわけではない「意図せざる秩序」という側面を持つ。そして、前節で述べた現代中国の市場秩序形成のプロセスも、さまざまなアクターによる利潤獲得のインセンティブと、そのための「局所的な情報」の獲得と利用のプロセスに支えられているという点で、「意図せざる市場秩序」としての性質を多分に持っている。その意味では「自生的秩序」の一種として捉えることは決して的外れではないと考える。

ただし、中国を含む新興国、発展途上国では、「国家」がまったく関与しないところに市場経済の自生的な秩序が形成されることはほとんどない。むしろその出発点において、権威主義的な政府（国家）が明確な意図を持って行う制度設計が大きな役割を果たすケースが圧倒的に多いはずである。

中国社会における「自生的な」制度や商慣習も、一見そうとは見えないが、常に公権力との緊張関係のなかで形成されたものとして捉える必要がある。すなわち、国家による制度設計によって生じる、市場経済をめぐる条件の変化の「裏をかく」ように企業や地方政府がふるまう結果、国家が当初意図したものとはかなり異なったシステムが成立している。それが中国における「自生的秩序」の実態だといえるだろう。意図せざる「秩序形成」が、常に「国家による制度設計」との緊張関係のなかから生まれるところに、ハイエクのイメージしたものとは異なる、中国社会をはじめ多くの新興国における市場秩序形成の特徴があるのではないだろうか。

治者と被治者との「馴れ合い」

近年の制度派経済学の成果が教えるところによれば、ある制度を形成するにあたっては、その制度に対する人々の「信念」の形成が大きな役割を果たす。前述のような権威主義的な政府（国家）が押し付ける設計主義的な制度に対して、人々がその「裏をかく」ように行動することが常態化した社会においては、そこに生活する人々（民間の経済主体）の間に、政府が設定するルールはそもそも遵守する必要のないものだ、という一種の「信念」が形成されるだろう。

そのような状況では、治者である権威主義的な国家の側も、そのような被治者としての民

（間）における遵法的な規範の低さをあらかじめ「織り込んだ」上で、法制度などの設計を行う傾向があるといえそうだ。つまり、中国など権威主義体制の下での「自生的秩序2.0」の下では、統治をめぐる治者と被治者との「馴れ合い」が常態化しているがゆえに、法秩序および法の遵守に関する社会の規範も、もともとハイエクが想定していた「自生的秩序」のモデルに比べ、かなり緩くなる傾向があると考えられる。

本章で見てきたように、現代中国では第三者の仲介を通じた活発な短期的取引がイノベーションを含む経済のダイナミズムの重要な一端を担ってきた。そこで見られたのは、取引の不確実性を「評判」「仲介」の組み合わせによって削減し、新規事業への参入コストを大きく低下させるというメカニズムであった。また、中国のイノベーションを考える上では、知的財産権に対する姿勢の多様性も重要である。特に深圳では、知的財産権を無視する零細企業、独自技術をパテントで保護する大企業、オープンソースによるイノベーションを目指す起業家という、三つの層が共存する独特のエコシステムを作り上げてきた。

一方で現在の中国の政治経済体制は、権力が定めたルールの「裏をかく」ようにして生じる、民間経済のインフォーマル性を許容するだけでなく、それがもたらす「多様性」をむしろ体制維持に有用なものとして積極的に利用してきた。すなわち、本章で見たように、知的財産権保護に関するある種の「緩さ」を許容した状況の下で活発なイノベーションが生まれてくるのは、権威主義的な政府と非民主的な社会と自由闊達《かったつ》な民間経済とが一種共犯的な関係にあるからかもしれない。今後中国のイノベーションについて考えるとき、こういった問題もあわせて考察していく必要があるのではないだろうか。

参考文献

（日本語）

アセモグル，ダロン、ジェイムズ・A・ロビンソン（2013）『国家はなぜ衰退するのか―権力・繁栄・貧困の起源（上・下）』鬼澤忍訳、早川書房

阿甘（2011）『中国モノマネ工場―世界ブランドを揺さぶる「山寨革命」の衝撃』徐航明・永井麻生子訳、日経BP社

アンダーソン，クリス（2012）『MAKERS―「メイカーズ」21世紀の産業革命が始まる』関美和訳、NHK出版

岡田章（2011）『ゲーム理論 新版』有斐閣

スティグリッツ，ジョセフ・E、ブルース・C・グリーンウォルド（2017）『スティグリッツのラーニング・ソサイエティ―生産性を上昇させる社会』藪下史郎監訳、岩本千晴訳、東洋経済新報社

高須正和（2016）『メイカーズのエコシステム―新しいモノづくりがとまらない。』インプレスR&D
鄭作時（2008）『馬雲のアリババと中国の知恵』漆嶋稔訳、日経BP社
ノース，ダグラス・C（2016）『ダグラス・ノース　制度原論』瀧澤弘和ほか訳、東洋経済新報社
ハイエク，フリードリヒ・A（2007、2008）『法と立法と自由（Ⅰ）（Ⅱ）』矢島鈞次・水吉俊彦訳、春秋社
ハイエク，フリードリヒ・A（2009）『致命的な思いあがり』西山千明監修、渡辺幹雄訳、春秋社
フクヤマ，フランシス（2013）『政治の起源―人類以前からフランス革命まで（上・下）』会田弘継訳、講談社
藤岡淳一（2017）『「ハードウェアのシリコンバレー深圳」に学ぶ―これからの製造のトレンドとエコシステム』インプレスR&D
古田和子（2013）「近代中国における市場秩序と情報の非対称性―19世紀末～20世紀初頭」（古田編『中国の市場秩序―17世紀から20世紀前半を中心に』慶應義塾出版会）
ボウルズ，サミュエル（2013）『制度と進化のミクロ経済学』塩沢由典ほか訳、NTT出版
丸川知雄（2013）『チャイニーズ・ドリーム―大衆資本主義が世界を変える』ちくま新書
ラウスティアラ，カル、クリストファー・スプリグマン（2015）『パクリ経済―コピーはイノベーションを刺激する』山形浩生・森本正史訳、みすず書房

終章　国際社会のなかの中国と日中経済関係

1　チャイナ・リスク再考

日中関係は改善するか

近年、中国は国際社会のなかでのプレゼンスをますます拡大させている。権威主義的な政治体制を維持したまま地政学的な勢力拡大を狙っているとして、警戒、批判する声は依然として大きいが、ＡＩＩＢなど新しい国際機関の創出を通じて、米国が主導する国際秩序の不備を積極的にカバーしようとする姿勢には期待も寄せられている。

しかし日本では、中国に対する厳しい見方が続いている。特に、２０１２年秋の尖閣諸島の領有権をめぐる日中政府間の摩擦を背景とした反日デモと、暴徒化した民衆が日系の企業や店舗をターゲットとした打ち壊しは、日本国内における対中感情を一気に悪化させた。内閣府が毎年実施している「外交に関する世論調査」では、2012年に中国に対し「親しみを感じない」「どちらかというと親しみを感じない」を合わせた数字が80％を超え、高止まりしている。また米ピューリサーチセンターが2015年に実施した、各国ごとの対中好感度の調査では、日本人が中国に対し「好感を抱いている」と回答した比率は10％に満たず、調査対象国のなかで際立った低さを見せている。

それでも、2017年のトランプ政権の成立以降、米中の経済摩擦が厳しさを増す一方で、安倍政権が一帯一路構想への協力姿勢を明らかにし、中国政府も2018年5月の李克強首相の訪日を通じて日本との経済対話に意欲を見せるなど、日中政府間の関係は大きく改善している。同時に経済関係における「チャイナ・リスク」の概念も、再考を迫られているように思われる。以下では、国際社会における中国のプレゼンスが増大するなかで、今後の日中経済関係の進むべき方向性について考えてみたい。

相互補完的な日中の経済構造

日本経済あるいは企業にとっての「リスク要因」として中国経済を見るとき、そこには以下の三つの意味が込められているように思われる。

（1）中国の企業が日本企業のライバルとなり多くの産業で直接競合する、というリスク
（2）先行き不透明であり、ハードランディングの可能性をはらむ中国経済に日本経済・企業が依存することのリスク
（3）両国のナショナリズムや外交・安全保障上の対立が経済関係に影響するリスク

このうち、（2）の中国経済自体が直面しているリスクについては本章、特に第1章や第2章で詳しく見てきた。また、（3）の問題は本書のカバーする範囲を超える。ここでは（1）、すなわち日中の産業間の貿易を通じた競合、およびそれがもたらす「貿易摩擦」のリスクについてやや詳しく見ていくことにしよう。

1990年代にはまだ中国が原材料や一次産品を輸出し、日本から工業製品を輸入するという構図が顕著だった。それに対して2000年以降は、中国からも工業製品の輸出が主流を占めるようになり、日中間の貿易は「お互いに工業製品を輸出しあう」という構図をとるようになってきている。例えば、HS（商品の名称および分類についての統一システム）の一桁分類、すなわち「食料品」「化学工業生産品」といった大分類を用いて算出された、日中間の同一産業内貿易の規模を示す指数は、中国が労働集約的工業製品の輸出国になり始めた1985年ごろから近年まで一貫して上昇している（Marukawa, Tomoo "Bilateral Trade and Trade Frictions between China and Japan, 1972-2012"）。このことは、中国の急速な工業化によ

って日中両国の産業構造が次第に似てきたことを示している。

ただ、中国の工業化が進んだからといって、日中の工業企業が直接競合することを意味するわけではない。前述の日中間の産業内貿易指数についても、より細かなHS二桁分類を用いて算出すると、1990年代半ばからあまり変化していない。すなわち、同じ工業製品を輸出しあっているといっても、「衣類」あるいは「自動車」「工作機械」「電気製品」といったより細かな産業分類を用いると、日中間ではかなり明確な「すみ分け」がなされている、というわけである。

工業における日中の相互補完的な関係を裏づけるように、中国で生産を行う日系企業の売上高の増加に伴って、日本からの中間財の輸出が明らかな増加傾向にある（『通商白書2011』）。この背景には2001年のWTO加盟後、中国が日本をはじめ韓国、ASEAN諸国から中間財を輸入し、最終製品を米国やEUに輸出するという東アジア域内での貿易・分業パターンが次第に強固になってきたことがある。

中国がWTOに加入する以前（1999年）における世界貿易の構図と加入後の構図を比較すると（図7-1a、b）、中国から米国とEU向けの最終財の輸出が増加するのに伴い、日本から欧米に向けての最終財の輸出が大きく減少し、とって代わるように中国への中間財輸出が拡大している。すなわち、欧米市場における中国製品のプレゼンスが高まれば高まる

図7－1a　アジアを中心とした世界貿易の流れ（1999年）

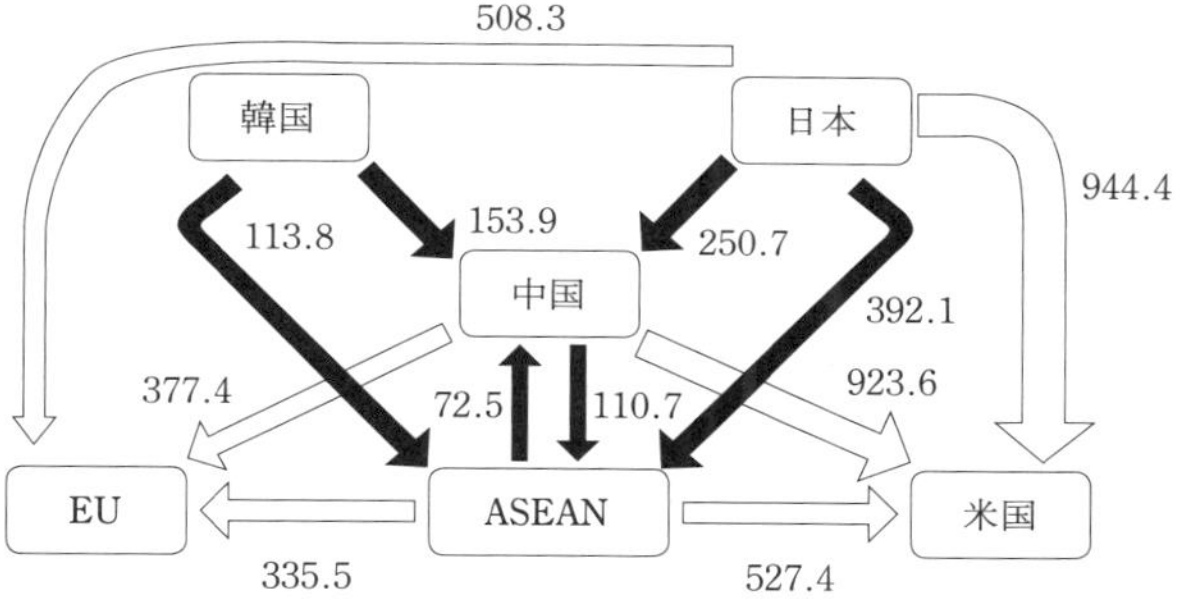

出所：『通商白書2011』、RIETI-TID 2016（http://www.rieti-tid.com/）

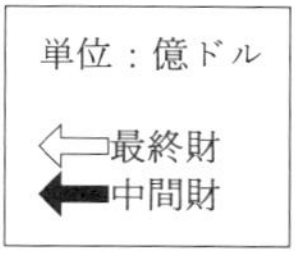

図7－1b　アジアを中心とした世界貿易の流れ（2016年）

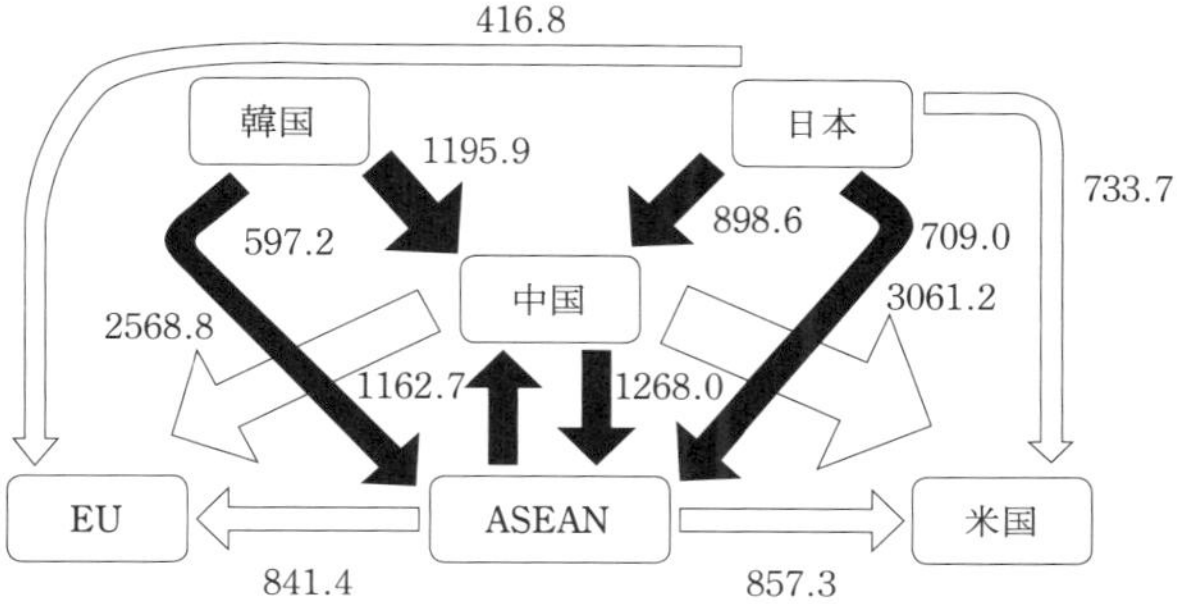

出所：『通商白書2011』、RIETI-TID 2016（http://www.rieti-tid.com/）

ほど、日本（および韓国）の部品産業も潤う、という構図が成立しているのである。

　ジェトロが2016年に実施した企業アンケートの結果（「在アジア・オセアニア日系企業活動実態調査―中国編」）によれば、日本から部品・材料を調達している企業のうち77・1％が「日本でしか調達できない原材料・部品がある」と回答している。特に液晶パネル、半導体、電池といった電子部品や、特殊な樹脂や鋼材などの供給は多くを日本製品に頼っているのが現状である。このことは、製造業とりわけ中間財の製造において、技術・品質面において日本企業が優位性を保っている分野が、まだかなりの部分を占めていることを示している。以上から、日本と中国との経済関係は、多くの産業において競合的というよりも、むしろ補完的な関係にある、と結論づけてよいであろう。

　ただし、この傾向は中国における部品供給力の強化により、徐々に崩れつつある。図7-1のベースになっている経済産業省の統計データ（RIETI-TID2016）によれば、2012年には1113・4億ドルあった日本から中国への中間財の輸出額は、16年には898・6億ドルにまで減少している。同時期、中国からアメリカ、EUへの完成品の輸出は大きく増加しているので、これは中国の部品企業の技術向上により、中間財の現地調達率が増加したことを意味している。このことを裏づけるように、2017年に実施された前述のジェトロの企業調査の最新版では、80・7％の企業が「中国での原材料・部品調達の比率を引き上げる予定がある」と回答している。

技術・品質面で日本が優位を保っていた基幹部品においても中国企業の台頭は目覚ましく、日本のトップ企業と真の競合関係になっていくのはそう遠い将来のことではないのかもしれない。

日中間貿易摩擦の実態

もっとも、これまで日中間で具体的な貿易品目をめぐって貿易摩擦が生じてこなかったわけではない。ただし、それは農業・繊維など日本が競争力を失いつつある、比較劣位産業においで生じてきた。その典型的な例が、2001年のネギ・シイタケ・畳表の3品目に対するセーフガード発令である。

この問題は、まず中国政府が前記3品目の輸出自主規制を求める日本政府の要求を拒否し、その結果として暫定的セーフガードが発動されたことに始まる。その後、セーフガードの撤回を求めたものの受け入れられなかった中国政府が、対抗措置として日本を原産地とする自動車、携帯・自動車電話、エアコンの3品目に対し通常の関税に100%の特別関税を上乗せする報復措置を発動し、事態は泥沼化していった。

ただし、この摩擦の「痛み」は当初から非対称なものであった。中国側の日本向け輸出のうち、ネギなど3品目の対日輸出額は2000年当時で216億円程度（約2億ドル。1ドル＝108円として換算）であったのに対し、中国側が特別関税を課した3品目の日本から中国向けの輸出額は約666億円にものぼっており、関連業界から問題の早期解決を望む声が上がっていた。

事態を打開するため日中農産品貿易協議会が設立され、双方の民間団体が加わった「官民協議」の枠組みが作られることにより、最終的に中国側の輸出自主規制という形で解決が図られた。両国の経済活動が直接競合するリスク、すなわち狭義の「経済摩擦」については、日中の経済の構造上、それほど深刻なものではなく、政府あるいは民間の対話のパイプさえ築かれていれば十分に解決可能なものであった、といえよう。

チャイナ・リスクからトランプ・リスクへ

むしろ、2018年段階の日本経済が直面する、中国経済についての直接的かつ影響の大きなリスクとは、米トランプ政権の対中政策が米中間の貿易縮小につながり、そのショックの余波を受けてしまうことかもしれない。実際、2017年1月のトランプ米大統領の誕生以降、対外貿易赤字の矛先を中国や日本に向けるなど、大統領が繰り返す保護主義的な言動はアジア経済の不安材料となってきた。

当初トランプ大統領は、中国や日本に対し、為替を不当に操作して貿易不均衡を拡大させているという非難を繰り返した。しかし、2017年4月にトランプ大統領が習近平国家主席と首脳会談を行い、米国の対中貿易赤字削減に向けた「100日計画」の策定について合意が行われると、「為替操作」への直接の非難は影を潜めるようになる。その直後、半期に一度の外国為替報告書で、米財務省は中国を為替操作国として認定するのを見送った。

このほか、トランプ政権は後述する中国の「一帯一路」戦略の「重要性を認識する」ことを明らかにし、2017年5月14日、15日には、北京で開催された「一帯一路」に関わる国際協力サミットフォーラムに代表を派遣している。

また、2017年11月8日から10日にかけて、トランプ大統領の訪中が実現する。エネルギー、航空機、IT産業などの分野を中心に総額2530億ドルに及ぶ「商談」が成立する一方、具体的な貿易赤字削減の道筋が示されなかったことなどから、こわもての発言とは裏腹に、トランプ政権の対中政策には融和の姿勢が見られるかと思われた。

だが翌2018年3月に、世界経済に衝撃が走った。3月22日、トランプ米大統領は中国の政府・企業による知的財産権の侵害により、米企業に損害が出ているとして、不公正な貿易慣行を認定した国に対して米国が一方的な制裁措置を発動できる米通商法301条に基づき、中国製品を対象に最大600億ドル相当の輸入品に25%の関税を課すと宣言したのだ。

アメリカ政府は、それに先立ち通商拡大法232条に基づく鉄鋼・アルミニウムの輸入制限にも踏み切っており、中国政府もただちに対抗措置を検討中であることを表明するなど、全面的な貿易戦争の懸念が一気に広がった。さらに4月には、米国商務省が米企業に対して中国の大手ＩＴ企業ＺＴＥとの取引を7年間禁じるという措置を打ち出した。スマートフォンの生産に不可欠な米国企業製の半導体チップの調達ができなくなったＺＴＥは、一時スマートフォンの製造中止に追い込まれた。

トランプ政権は、中国政府による知的財産権侵害の「手口」として、次の4つを挙げて批判している。①外資規制により米企業に技術移転を強要している、②技術移転契約で米企業に対し差別的な扱いをしている、③中国企業を通じて先端技術を持つ米国企業を買収している、④人民解放軍などが米国企業にサイバー攻撃を行っている。

この米中間の「知財戦争」については、前哨戦ともいえる動きが2018年3月にあった。シンガポールの通信用半導体大手ブロードコムが、通信用半導体の「巨人」米クアルコムの買収を断念すると発表したものだ。その理由として、ブロードコムがファーウェイと関係が近いことから「安全保障上の懸念」があるとして、トランプ大統領が買収に強固に反対したからだ、と報じられている。

米中産業界の複雑な関係

問題は、米政府の姿勢が、すでに中国市場での売り上げが全体の約3分の2を占めているクアルコムのような米国のＩＴ関連企業の利益を損なう可能性があることだ。米中貿易に詳しいエコノミストは、電子産業などにおける米中貿易の構図は、中国に進出した米国企業が、米国から輸入した半導体や集積回路などの基幹部品を元に組み立てた完成品を米国に輸出する、という「米米貿易」が大部分を占めている、と指摘している（真家陽一「摩擦の原因は巨大〝米米貿易〟付加価値では減る中国の黒字」『エコノミスト』２０１８年5月29日号）。

また、一連の米国政府の強硬姿勢の背景には、中国政府が２０１５年に打ち出したインターネットとハイテク産業に関する産業政策「中国製造２０２５」への警戒があることが指摘されている。そこからは、一時的に米国企業の利益を損なったとしても、台頭著しい中国のＩＴ産業の出鼻をくじき、中国企業が次世代の「プラットフォーム」を作り上げることをなりふり構わず阻止しようという、米国政府の「焦り」が透けて見えよう。

クアルコムだけではなく、スマートフォンなどの電子通信機器は、東アジア域内で複雑なサプライチェーンを確立している。第6章で述べたように、深圳において「山寨携帯」の生産から発展してきたデザインハウス（ＩＤＨ）を中心に、米国産の半導体チップを使用する電子産業のエコシステムが形成されたことに鑑みても、中国の知的財産権侵害に関するある種の「緩さ」は、米IT企業の製品市場拡大にむしろ寄与してきたと考えられる。中国の知的財産権問題と米企業の利益との関係は、一筋縄ではいかないものであり、摩擦の長期化が米中両国の産業界に少なからぬ「痛み」をもたらすことは避けられないだろう。

また、貿易摩擦の長期化は、日本経済と日本企業にも少なからぬ影響を与える。特に、米国による輸入関税の引き上げが現実となれば、日本企業の米国工場の部材調達コストが跳ね上がるのではないか、あるいは米国市場という行き先を失った中国産品が日本に流入し、需給バランスを崩してしまうのではないか、という懸念の声が上がっている（羽生田慶介「中小企業にも対中強硬策の余波：中国産品流入で保護主義連鎖も」『エコノミスト』2018年5月29日号）。

そしてついに2018年6月15日に、トランプ政権は年500億ドルの対中輸入品目に25％の追加関税を課すとして、対象となる中国製品の最終リストを発表、7月6日にはその内の340億ドル相当に追加関税が発動された。これに対し、中国もすぐさま大豆や牛肉、自動車など計659品目、500億ドル分の米国製品に25％の追加関税をかけると発表、そのうちの545品目に対する追加関税が米国に対する報復として発動された。さらに7月10日に米国政府は衣料品や食料品など2000億ドルに相当する6031品目の中国製品に10％（のちに25％に引き上げられた）の関税を上乗せするという追加措置を発表し、米中両国が報復の応酬を行う「貿易戦争」が現実のものとなった。ハイテク産業での主導権争いというナショナリズムの要素も絡んでいるために、対立の長期化を懸念する識者は多い。両国政府の意地の張り合いによって、日本企業も関与する形で構築されてきたイノベーションの「エコシステム」が破壊されないよう願うばかりである。

2　一帯一路と日本

一帯一路は寄せあつめの「星座」？

すでに述べてきたように、２０１４年ごろから中国政府は、中国経済が「新常態」と表現される安定的成長段階に入ったとした。そして、市場メカニズムを重視した改革の継続や、投資に過度に依存した成長路線からの転換、いわゆる「供給側の改革」が盛んに説かれるようになった。

そのような新たな成長パターンの一つとして注目されているのが、海外への積極的な資本投資と、それに伴う輸出の拡大を新たな成長エンジンにするという政府の発展戦略である。それを象徴するのが、２０１３年に習近平国家主席によって提唱され、２０１５年の全人代における政府活動報告で強調された「シルクロード経済ベルト」に「21世紀海のシルクロー

図7－2　「一帯一路」の主要ルート

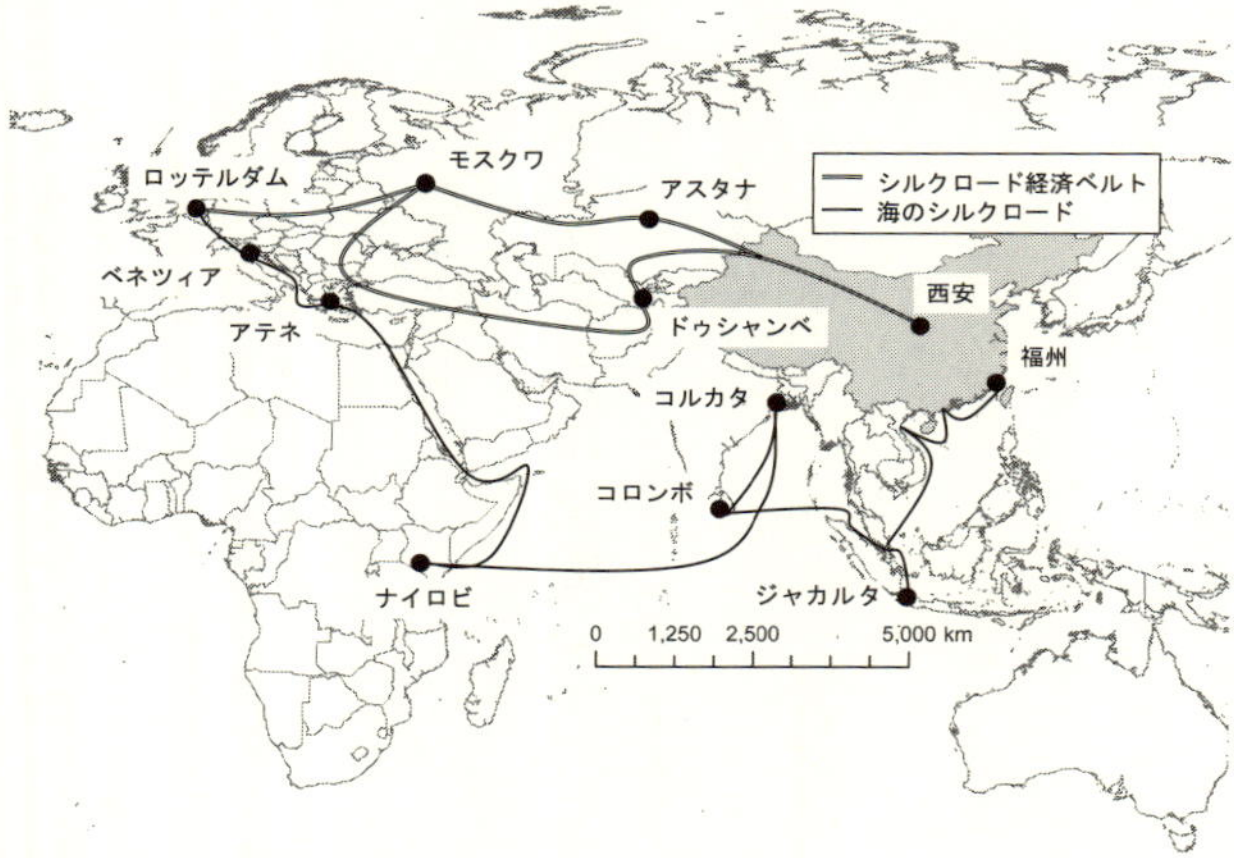

出所：藤井大輔氏より提供

ド」を合わせた「一帯一路」戦略の推進である（図7-2）。「一帯一路」の地理的範囲は必ずしも明らかになっておらず、いわゆる「沿線国（俗に65ヵ国とされる）」が明確に定義できるわけではない。ただ、図7-2を見ればわかるように、かなり広範な地域が対象とされていることは間違いない。２０１８年６月現在において、パキスタンのグワダル港防波堤、インドネシアの高速鉄道建設など、インフラ建設を中心に具体的なプロジェクトが完成、もしくは建設中である。また中国政府は、２０１７年に、北極海を通る航路も一帯一路に結びつける方針を示している。

「一帯一路」沿線地域のインフラ建設に必要な費用は全体で８兆ドルにのぼるともい

われるが、必要な資金の供給源として、中国が主体となって設立された国際金融機関であるアジアインフラ投資銀行（ＡＩＩＢ）、および中国が独自に設立した「シルクロード基金」にも注目が集まっている。特にＡＩＩＢについては、その設立の過程を含めて日本でも大きな注目を集めた。日本政府は、米国政府とともにＡＩＩＢのガバナンスの透明性や、投資供与国の政府との中立性の確保などに懸念を示し、一貫して参加に慎重な姿勢を示した。しかし、英国をはじめとした西側の先進諸国が相次いで参加を表明し、２０１５年12月の発足時には先進国も含め57ヵ国が加盟した。その後加盟国は増え続け、２０１８年６月にはアジア開発銀行（ＡＤＢ）の67ヵ国・地域を大きく上回る86ヵ国を数えている。

また２０１７年５月には北京で「一帯一路」国際協力サミットフォーラムが開催され、29ヵ国の首脳をはじめ、１３０ヵ国・国際機関からの参加者が集まった。日本の安倍首相も、２０１７年６月５日の国際交流会議におけるスピーチで、万人が利用できるように開かれていること、プロジェクトに経済性があり、借り入れを行う国の債務が返済可能で財政の健全性が損なわれないこと、などの条件付きで一帯一路政策に協力姿勢を打ち出した。さらに、その後の衆議院選挙を経た同年12月には、省エネ・環境、工業団地や電力インフラの産業高度化、物流産業などの３分野で中国企業と共同事業を手がける日本の民間企業を支援し、個別事業ごとに是非を判断しつつ協力する姿勢を明確にした。

さて、この「一帯一路」戦略を地政学的な、安全保障上の戦略として捉える見方と、経済発展戦略として捉える見方とがあるが、どちらかというと日本では前者の見解が強いかもしれない。だが実際は、「一帯一路」は国防・外交から経済までを含む一つの統一的なグランド・デザインに基づくプロジェクトというよりも、上海協力機構（SCO）や、中国・ASEAN自由貿易圏、RCEP（東アジア包括的経済連携協定）といった、それまでバラバラに行われてきた既存の対外経済戦略を、改めて一つの概念の下で捉え直したもの、という側面が強い。つまり、「星座」のように、想像力を働かせればつながりがあるように見えるが、そこに何かのルールや、全体を統括する組織などの実体が存在するわけではないのだ（高原明生「一帯一路構想は〝星座〟過度な期待は禁物」『週刊東洋経済』2018年1月27日号）。

このように、そもそも成り立ちから捉えどころがない一帯一路構想だが、ここでは本書の問題意識に従い、資本輸出型の経済発展戦略という観点から、中国ならびに周辺諸国にとって持つ意味を考えてみよう。

資本輸出型の経済発展戦略、三つの意味

「一帯一路」構想に象徴される資本輸出型の経済発展戦略は、成長率の低下が避けられない情勢となった中国経済の将来を占う上で、三つの意味を持っていると考えられる。

一つ目は、これらの経済発展戦略は、過剰な国内資本や外貨準備を海外に「逃がし」、従来型の経済成長パターンのなかで顕在化した供給能力の過剰を緩和するという意味を持つ。第1章でも述べた通り、米ドルと人民元の為替相場を安定的に保とうとする限り、中国は金融政策の自由を奪われ、アメリカが金融緩和すると中国も金融を緩和せざるを得ない状況に追い込まれている。こうした事態を打開するには、獲得した外貨を「還流」すること、すなわち政府開発援助や中国企業の対外直接投資などで、外貨を海外で積極的に使うことが必要である。中国政府がＡＩＩＢやシルクロード基金を通じた海外援助などによる積極的な外貨還流の仕組みを作ることで、海外の新興国が経済成長すれば、中国国内の過剰な生産能力に対する市場の拡大にもつながる。近年、中国はアフリカ諸国に急接近し、資源開発や通信ネットワークの整備など独自の経済外交を展開しているが、これも積極的な外貨還流の仕組み作り、という観点から理解できよう。

第二に「一帯一路」構想は、関連する国内のインフラ投資を通じた、国内の景気刺激策と地域振興政策の実施、という意味を持っている。２０１５年3月28日に、国家発展改革委員会など政府機関が連名で発表した「シルクロード経済ベルトと21世紀海上シルクロードの共同建設推進のビジョンと行動」という政府文書では、中国全土をいくつかのブロックに分けた上で、各省ごとに対外経済戦略のための「ローカルハブ」を建設するべく、高速鉄道・高速道路・港湾整備・空港の建設など、交通網の整備に代表される大規模なインフラ整備プロジェクトを推進することが謳われている。

そして三つ目は、１９９７年のアジア通貨危機や、２００８年のアジア通貨危機のなかであらわになった、既存の国際金融秩序の不備を補完するような制度を中国のイニシアティブによって作り上げよう、という意味がある。

この課題を解決するために、中国政府がまず働きかけたのは新興国の拠出金の増額や、ＳＤＲの貸出枠の増加といったＩＭＦ改革であった。しかし米国議会の反対が強く、ＩＭＦのガバナンスに関する改革は遅々として進まなかった（第1章参照）。「一帯一路」やＡＩＩＢ、あるいは２０１４年に成立したＢＲＩＣＳ開銀など、一見すると米国中心の経済秩序に挑戦するかのような構想を中国が相次いで打ち出した背景には、新興国の台頭に伴って世界的な通貨危機・金融危機の発生が相次ぎ、ＩＭＦや世界銀行を中心とした従来の国際金融体制が機能不全に陥っているという、より根本的な問題があることを忘れてはならないだろう。

一帯一路をどう評価するか

このように一帯一路は、巨額の外貨準備の還流、国内の過剰資本蓄積の緩和、金融政策の自由の確保といった中国の内的な動機に基づくものだと理解できる。それがＩＭＦと世界銀行を中心とする既存の国際金融秩序への挑戦と受け取られるのも、中国の経済超大国化の反映である。

この「挑戦」が成功するかどうかは、中国資本によりインフラ建設を行おうとする周辺諸国の経済成長が軌道にのるかどうかにも依存しており、未知数だというほかはない。また、その動向を占う上では、国内金融システムの改革や柔軟な為替政策の実施、といった点も重要な要素となるだろう。第1章で指摘したように、①為替相場の安定、②自由な対外資金移動、③金融政策の独立性の間に「トリレンマ」が存在することを前提にすると、現状のように為替相場の変動が柔軟性を欠いたまま、一帯一路のような積極的な対外資金投資を前提とした政策を推進すれば、金融政策の独自性が犠牲にされるからである。

また、「一帯一路」を通じたプレゼンスの高まりは近隣諸国との摩擦も呼び起こしている。前述の「一帯一路」サミットにインドは参加しなかったが、これはインドとパキスタンが領有権を争うカシミール地方が「中国パキスタン経済回廊」の対象地域となっていたからだとされている（『日本経済新聞』2017年5月16日）。スリランカでは、2008年に中国輸出入銀行からの資金提供を受けてハンバントタ深海港の建設を進めてきたが、2017年に債務返済が不可能だとして、99年に及ぶ運営権を中国企業に譲渡することになった。一帯一路に伴う旺盛な資金輸出が本格化することで、スリランカのように債務返済に苦しむ新興国が増えることも予想される。現にマレーシアのように、政権交代を機に前政権が中国の政策金融機関から多額の借金をして進めてきたインフラ計画の見直しを掲げる国も出てきている。

このような状況を踏まえれば、一部で議論されているように、一帯一路が中国を中心とする経済圏として米国や日本に脅威を及ぼす存在になっていくという見方には、それほど説得力がなさそうだ。いずれにせよ、冷静に事態の推移を見守る必要があるだろう。

3　製造業のイノベーションと新たな日中関係

トップダウン型の関係構築とその限界

この章の冒頭で述べたように、中国が国際的なプレゼンスを向上させる一方で、日本の世論はそのことを好意的に受け止めかねている。それでは、日本に住む私たちはこれからの日中経済関係をどのように構築していけばよいのだろうか。

ここで、これまでの日中経済関係とその担い手の歴史を振り返っておこう。1972年の国交回復以降、日中「蜜月時代」の経済協力関係を主導したのは、上海の宝山製鉄所のプロジェクトが象徴するように、製鉄、石油、電力などといった重厚長大型のプラント産業だった。日中の窓口となった民間機関の中心人物も、そういったプラント産業の大会社の関係者が多かった。

しかし1980年代も後半になると、それまでの日中「蜜月時代」に築かれた日中間の政財界の対話・交渉のチャネルは、次第に機能不全に陥っていく。中国がそれまでの重化学工業優先の経済発展から、比較優位を重視した輸出志向型の発展へとシフトすると、日中間の経済関係の中心は製造業の直接投資へと移ってくる。一方で、日中経済関係のチャネルは、依然として重化学工業・プラント産業の関係者を中心としており、日中間で生じる新たな問題に対して、十分に対応できなかったのだ。

日本企業の対中直接投資の増加に反比例するように、日本国内における中国に対する感情は年々悪化していく。前述の内閣府の「外交に関する世論調査」では、1995年の調査で初めて「親しみを感じない」が「親しみを感じる」を上回り、その後も後者の比率は低下し続けている。日中間の経済交流の多様化により、経団連や日中経済協会といった有力な民間の経済団体が、トップダウン型で日中両国の経済関係を構築することは次第に難しくなっていく。

そこに生じたのが、2005年、小泉政権下における大規模な反日デモであった。経済同友会をはじめとする各経済団体は、両国の関係改善に向けてさまざまな働きかけを行うが、政治的な相互不信は払拭できず、「政冷経熱」現象が常態化するようになった。

そして2010年代になると、冒頭のような成長パターンの見直しを受けて、中国政府は、これまで経済成長を牽引してきた労働集約型の産業を「淘汰」し、高付加価値・知識集約的なハイテク産業への移行を率先して進めるようになる。そのなかで、日本企業の撤退にあたって現地政府や労働者との間にさまざまなトラブルも増えてきている。

日本政府が条件付きながら一帯一路プロジェクトへの協力姿勢を明らかにしたことで、日本企業のなかにも新たなビジネスチャンスへの期待が広がっているのは事実だ。ただ、政府間プロジェクトに基盤を置く経済関係は、政府間の友好関係という脆弱な基盤に多くを依存した、古いタイプの日中関係の延長線上にあるものと見ることができるだろう。

メイカーたちが担う日中関係

さて、第6章で詳しく見たように、中国でのイノベーションの一翼を担っているメイカー・ムーブメントは、深圳という街をアジアのなかでも有数の、世界に向けて開かれた場所に変えつつある。近年ではこのムーブメントに参加する日本人も増えてきており、インターネットを通じてベンチャー企業を対象とした観察会の呼びかけなども定期的に行われている。

注目したいのは、こういったムーブメントに参加する日本人たちは、これまでの日中経済関係を主導してきた人々とは行動パターンやメンタリティの点で明らかに一線を画し、日中経済関係を担う新たな層の誕生を体現しているように思える点だ。

賃金の上昇などに伴い、中国に進出した日本企業の多くが厳しい状況に置かれるなか、これからの中国でビジネスチャンスをものにするために必要なのは、個人が国籍にかかわらずお互いの能力を認めあって、既存の発想に捉われず競争あるいは協力を展開する、メイカー的、あるいはオタク的なマインドを持つ人材かもしれない。彼（女）たちは日中友好のためでも、会社の方針で仕方なくでもなく、何よりもモノづくりの面で常に新しいことが起きており、わくわくする場所だからこそ深圳、そして中国に引き寄せられている。そういった、テクノロジーを媒介にしたギーク（オタク）同士のつながりが、深圳を中心にした新しい日中間の人的ネットワークの核になっていることに注目したい。

問われる普遍的価値との対峙

日本に住む私たちが、近年注目を浴びるようになった中国発のイノベーションについて正しく理解する上では、担い手である民間企業と、権威主義的な政治体制との関係についても注目する必要がある。第6章で述べたように、従来の主流経済学では、言論の自由が抑圧される権威主義的体制の下では、自由な発想に基づくイノベーションもまた持続的なものにならない、というのが常識だからだ。

しかしながら、現在の中国の政治経済体制は、権力が定めたルールの「裏」を積極的にかく、民間企業の自由闊達さを許容するだけでなく、それがもたらす「多様性」をむしろ体制維持に有用なものとして積極的に利用してきたように思える。すなわち、中国のように確固たる「法の支配」が不在な社会で、民間企業主導のイノベーションが生まれてくるのは、権威主義的な政府と非民主的な社会と自由闊達な民間経済とが、ある種の共犯関係にあるからかもしれない。ということは、今後中国政府は「徐々に民主的な国家にしていかないと持続的な経済発展はできませんよ」という西側諸国のお説教に、ますます耳を傾けなくなる可能性がある。

そうだとすれば、今後日本に住む私たちは、イノベーションの担い手である民間企業も含め、中国（人）との経済関係によって得られる利益と、人権や民主主義といった普遍的な価値の擁護とのバランスをどうとっていけばよいのだろうか。ナショナルな観点に捉われない、新しい日中経済関係の担い手が生まれつつある今だからこそ、私たちはこういった難しい問題についても、きちんと向き合い考えていく必要があるだろう。

参考文献

（日本語）

今村弘子（2018）「中国と近隣諸国との経済関係」（梶谷懐・藤井大輔編『現代中国経済論〔第2版〕』シリーズ・現代の世界経済2』ミネルヴァ書房

梶谷懐（2015）「経済リスクのゆくえ」（川島真編『チャイナ・リスク（シリーズ日本の安全保障5）』岩波書店

梶谷懐（2016）『日本と中国経済―相互交流と衝突の一〇〇年』ちくま新書

小島末夫（2012）「経済摩擦―初の対中セーフガード、対日アンチダンピング」（服部健治、丸川知雄編『日中関係史1972―2012 Ⅱ経済』東京大学出版会）

徐一睿（2015）「「一帯一路」から見る中国国内における地域政策の変化と財政的課題―ローカルハブの構築に向けて」ERINA REPORT No.127

高須正和（2016）『メイカーズのエコシステム―新しいモノづくりがとまらない。』インプレスR&D

（中国語）

余永定（2009）「避免美元陥穽」『財経』第235期

（英語）

Marukawa, Tomoo (2012), "Bilateral Trade and Trade Frictions between China and Japan, 1972-2012," *Eurasian Geography and Economics*, Vol.53, No. 4, pp.442-456.

おわりに

中国経済をテーマにした新書の執筆について、中公新書編集部の田中さんから最初に打診されたのは、2013年の2月のことだったので、それからもう5年半たってしまったことになる。出版がすっかり遅れてしまった言い訳になってしまうが、中国経済について論じたり、本を出したりすることには特有の難しさが伴う。とにかく変化がめまぐるしすぎて、同じ内容の本でも、どのタイミングで出すかによってその社会的な意味合いが大きく変わってしまうからだ。また、せっかく時間をかけて準備してきた記述が、出版されたときにはすっかりピンボケになってしまう、ということも多い。

例えば、本書でもやや詳しく論じた2015年夏の株価の下落の際には、あたかも中国経済が崩壊寸前であるかのような言説がそこら中にあふれていた。2016年後半、柔軟な為替政策と拡張的な財政・金融緩和の組み合わせにより経済が上向きに転じると、今度は深圳におけるメイカー・ムーブメント、ファーウェイやテンセントの躍進、Eコマースや電子決済の急速な普及といった「技術立国・中国」に注目が集まる。『週刊東洋経済』が2017年3月4日号から3月25日号にかけて「深圳発 中国メイカー革命」という特集を連載したあたりから、その他のメディアでもなんとなく「潮目」が変わっていったように思う。その後はQRコード決済によるキャッシュレス化が進み、シェア自転車など新しいサービスが町中にあふれる深圳の状況に衝撃を受けた20代の若手ライターが「日本はすでに中国に完敗した！ 中国スゲエ！」といった内容の記事を書いて注目を集めるなど、「日本はこんなに遅れている」という煽りとセットになった「中国スゴイ」論があちこちで見られるようになった。さらに2017年秋になると「中国崩壊論はすでに崩壊した」という特集がインターネット・メディアや雑誌で組まれるようになった。「現実は流動的なので、事態が落ち着くのを待ってから書こう」などと考えていると、永遠に出版の機会を逃してしまう……とようやく自分なりに覚悟を決めて本書の原稿に取り掛かったのが、同年の10月ごろのことであった。

そして、この「あとがき」を執筆中の2018年夏には、トランプ政権が発動した米中貿易戦争への懸念から、中国経済崩壊論がまた勢いを盛り返しつつあるような印象がある。それに伴って、筆者には真偽のほどはまったくわからないが、これまでその権力基盤の盤石さが強調されてきた習近平国家主席がすでに求心力を失いつつあるのではないか、という憶測まで、まことしやかに囁《ささや》かれるようになっている。

ことほど左様に、現代中国をめぐる情勢は「不確実性」に満ちている。こういった「不確実性」こそが、語り手の主観や政治的立ち位置、さらには非理性的な「感情」によって、中国経済の見方が左右される状況を長らく保ってきたのだと思う。そしてそのことは、好むと好まざるとにかかわらず今後とも中国の企業や政府、そして人々と関わりを持ち続けなければならない日本社会にとって、少なからぬ損失をもたらしてきたのではないだろうか。

本書でも書いたように、アメリカ経済や日本経済について、「実際の経済規模は公式統計の三分の一だ」などという根拠のない、極端なことを書けば、さすがにインターネットや活字メディアからの批判が噴出するだろう。しかし、中国経済だと、そもそも信頼できる情報源が身近なところになく、「中国はよくわからない」という心理が先行するため、「ひょっとすると本当かも」と思う読者層が存在し、一定の厚みを持つ「市場」を形成してしまう。専門家の多くも、それらの極端な言説を丁寧に批判するなどという面倒くさいことには関わりたくないし、一般読者向けの記事を書くのに慣れていないということもあって、たいていは見ないふり、知らないふりをする。結果として、根拠のない誇張された議論が野放しのまま広がる、という構図がある。

本書が、変化の激しい中国経済について、ある程度の期間をおいても評価に耐えうるような、信頼できる情報を提供できているかどうかは読者の判断を待つしかない。ただ、大学で中国経済の講義を受け持っているような人間が中国経済をどう捉えているのか、その一端を広い読者に知ってもらえれば幸甚である。

本書の執筆にあたっては、伊藤亜聖《あせい》氏（東京大学）、藤井大輔氏（大阪経済大学）に、草稿段階で拙稿に目を通していただき、有意義なアドバイスを頂戴した。また、藤井大輔氏と星野真氏（駒澤大学）には貴重な図表を提供いただいた。この場を借りてお礼を申し上げたい。

また最後になるが、本書の完成を粘り強く待っていただいた上に、少しでも一般読者にわかりやすい文章になるよう、毎回丁寧なコメントをいただいた編集担当の田中正敏さんに、心からのお礼の言葉を申し上げたい。5年半にわたり見守っていただき、どうもありがとうございました。

2018年7月　記録的な猛暑の夏に

梶谷懐

梶谷　懐（かじたに・かい）

1970年，大阪府生まれ．94年，神戸大学経済学部卒，96〜98年，中国人民大学に留学（財政金融学院），2001年，神戸大学大学院経済学研究科より博士号取得（経済学）．神戸学院大学経済学部准教授などを経て，2010年より神戸大学大学院経済学研究科准教授，14年より同教授．

著書『「壁と卵」の現代中国論』（人文書院，2011年）
『現代中国の財政金融システム』（名古屋大学出版会，2011年，大平正芳記念賞）
『日本と中国、「脱近代」の誘惑』（太田出版，2015年）
『日本と中国経済』（ちくま新書，2016年）
など

中国経済講義《ちゅうごくけいざいこうぎ》
中公新書 *2506*

2018年9月25日初版
2018年10月20日再版

著　者　梶谷　懐
発行者　松田陽三

本文印刷　暁印刷
カバー印刷　大熊整美堂
製　　本　小泉製本

発行所　中央公論新社
〒100-8152
東京都千代田区大手町1-7-1
電話　販売 03-5299-1730
　　　編集 03-5299-1830
URL http://www.chuko.co.jp/

Published by CHUOKORON-SHINSHA, INC.
Printed in Japan　ISBN978-4-12-102506-7 C1233

中公新書

経済・経営